铃木大拙中国哲学小讲

［日］铃木大拙 著　吾久乐 译

图书在版编目(CIP)数据

铃木大拙中国哲学小讲／（日）铃木大拙著；吾久乐译. —北京：北京大学出版社，2019.8

ISBN 978-7-301-30563-8

Ⅰ. ①铃⋯　Ⅱ. ①铃⋯ ②吾⋯　Ⅲ. ①哲学—研究—中国　Ⅳ. ①B2

中国版本图书馆 CIP 数据核字（2019）第 135108 号

书　　　名	铃木大拙中国哲学小讲 LINGMUDAZHUO ZHONGGUO ZHEXUE XIAOJIANG
著作责任者	〔日〕铃木大拙　著　吾久乐　译
责任编辑	吴　敏
标准书号	ISBN 978-7-301-30563-8
出版发行	北京大学出版社
地　　址	北京市海淀区成府路 205 号　100871
网　　址	http://www.pup.cn　新浪微博:@北京大学出版社
电子信箱	pkuwsz@pup.cn
电　　话	邮购部 010-62752015　发行部 010-62750672 编辑部 010-62757065
印 刷 者	北京中科印刷有限公司
经 销 者	新华书店 880 毫米×1230 毫米　32 开本　5.5 印张　75 千字 2019 年 8 月第 1 版　2023 年 6 月第 2 次印刷
定　　价	48.00 元

未经许可，不得以任何方式复制或抄袭本书之部分或全部内容。
版权所有，翻版必究
举报电话：010-62752024　电子信箱：fd@pup.pku.edu.cn
图书如有印装质量问题，请与出版部联系，电话：010-62756370

　　铃木大拙(1870—1966)，本名为铃木贞太郎，名字中的"贞"出自于《易经》的"元亨利贞"。后因学禅，改名为"大拙"。日本现代著名的禅学思想家，被尊称为"世界禅者"。铃木大拙也是一位世界级的思想家，得到海德格尔、弗洛姆、汤因比等的极大推崇，全部著作收于日本岩波书店出版的《铃木大拙全集》。

序

    本书内容最早是以三篇单独文章的形式，于1907—1908年刊登在《一元论》（The Monist）杂志上。为了方便更多的大众读者阅读，我将它们集成一本小书，并对文本做了大量修改，加入更多内容，期待它能更深入浅出。

    1911年辛亥革命推翻帝制之后，中国成为全世界瞩目的焦点。但很可惜只有屈指可数的学者真正理解中国人及其思想方式。作为多少带点系统性的首次尝试之作，这本小书旨在将中国最基本的思想特质（肇始于先秦时代）揭示一二，如果它能够一定程度上帮助我们理解这个被长久误读的国度，那么它的目标差不多可谓完成了。

铃木大拙
东京
1913 年 12 月

目 录

引 言 …………………………………… 1

第一章 哲 学 ………………………… 15
  阴阳二元论 ……………………………… 16
  实证主义 ………………………………… 22
  老子 ……………………………………… 28
  一元论 …………………………………… 33
  超验主义 ………………………………… 39
  泛神论的神秘主义 ……………………… 48

第二章 伦理学 ………………………… 55
  儒家 ……………………………………… 57
  道家哲学 ………………………………… 81
  为己主义 ………………………………… 94

实用主义 ………………………………………… 102
礼乐主义 ………………………………………… 112

第三章　宗　教 ………………………………… 123
五经中的上帝观 ………………………………… 123
天与帝 …………………………………………… 140
墨子的上帝推理 ………………………………… 158

译后记 …………………………………………… 165

引 言

中华文明的历史差不多可以追溯到公元前3000年,传说当时三皇五帝①开始统治黄河流域的诸部落。《尚书》这部中国现存最古老的典籍②,开篇收录了据传是大约在公元前2400年左

---

① 言古史者,必称三皇五帝,"三皇"通常指天皇、地皇和人皇,很可能是三种自然力的人格化,其纪年可追溯至中国历史的神话学年代。"五帝"尚在"三皇"之后,经常被提起,但具体指涉不定,流传最广的"五帝"是伏羲(青帝)、轩辕(黄帝)、神农(炎帝)、少昊(白帝)和颛顼(黑帝),是为五方上帝,年代大约在公元前2852—前2355年。
② 《尚书》(书经)为"五经"之一。汉武帝建元五年,根据董仲舒的建议,五经之名始称,这五种儒家经典包括《易经》《诗经》《尚书》《礼记》《春秋》。

右的君主——尧舜①的——施政典令。《尧典》《舜典》等为我们提供了不少颇有意味的宗教材料,由此可对中国早期的自然观窥得些许端倪。这一自然观流布至今,与其原貌只是略有出入。

不过在中国,哲学探索的真正觉醒应该说要到周朝开始显露衰落之相时,即公元前7世纪。在此之前,一代代的思想者想必已经活跃了很长时间了,而其思想成果之蛛丝马迹则保留在了后世的《周易·系辞》和老子《道德经》②之中。

从公元前7世纪开始,一群璀若繁星的哲学家和伦理学家,以老子和孔子最为卓荦,开启了

---

① 尧和舜是中国上古时代的圣君,尧的统治年代约为公元前2356—前2255年,舜约为公元前2255—前2205年,但是不少权威学者,比如持"尧舜禹抹杀论"的东京大学白鸟库吉教授,不认为这是信史。
② 从字面意思看,"道"是道路或道理,"德"为德性,而"经"指经书。至于该书的性质和作者,详见下文。

中国哲学的早期阶段，历数百年而不息。① 就仿佛在一个漫长单调的冬天过去后，步入了鸟语花香的春天。这一时代持续了大约四百年，是中华文明史中最为流光溢彩的阶段。由于它被秦朝戛然中止，所以这个时代也通常被称为先秦。

中国人在后世发展出更强大的理性能力，对人心的研究也更深入，然而从未超出先秦时期所划定的思想活动之畛域。中国哲学越来越精密，却很悲哀地在自由中迷失了方向，有时纯粹是乱逛。在先秦觉醒阶段，中国哲学忙碌投身于许多问题。整个宇宙对思想者来说都是焕然全新的，他们总能在注意力所致之处找到要进入的问题。他们的心灵是如此兼收并蓄，如此富有创造力。先秦时代过后，迎来了思想板结的时期，思想的

---

① 后代学者根据学说来对先秦诸子进行分类，其数量之杂多令人困惑，可见这一思想时代有多辉煌。《汉书》编纂者班固将先秦诸子分为十家，分别是一、儒家（学者），二、道家，三、阴阳家（天文术数家），四、法家，五、名家（逻辑家或诡辩家），六、墨家，七、纵横家（外交家），八、杂家，九、农家，十、小说家。

血液注定只能在硬化老旧的血管里流动。

极富创造力的先秦时代遇到了它猝不及防的结局，公元前221年，秦始皇统一六国，他采取雷霆手段来镇压含苞待放的自由之精神。始皇帝嬴政无法容忍任何异端思想，意欲"别黑白而定一尊"，故而在丞相李斯的建议下于公元前213年焚书坑儒。① 极端手段让世人噤若寒蝉，他却是龙心大悦。

独立思想遭此大劫之后，国人的精神被打压到坍塌状态，流毒长达千年。② 在此一千年期间，中国几乎没有产生任何原创思想家。秦始皇在思想界刮起的飓风毁灭性极大，留下一片狼藉，后人不再创建任何新的思想体系，只是不断致力于

---

① 《周易》在焚书坑儒中逃过一劫，乃是因为它被目为"卜筮之书"，不可能伤及秦始皇的专政。
② 也许秦始皇并不是造成该现象的唯一原因，不过中国人的心灵在此时开始显现出血气枯竭之状，这一点我们可以从公孙龙"白马非马"等诡辩术兴起于这一时期的现象上窥得一丝端倪。

重新发现遗失在先秦时代的思想。后人在传世典籍中皓首穷经，每当有文献重见天日，必定详加研究，留下浩如烟海的注疏。对于载之史籍但已失传的文献，甚至会有作伪现象出现。故而这一时期伪书盛行。

佛教传入中国时，正逢中国思想史的这一惰性时期（公元前213—公元959），未遇多少抵抗便长驱直入。佛教发现道家与自家教义有契合之处，便采用了很多道家的现成词汇，同时也新创了不少词来表达当时中国人闻所未闻的那些观念。佛教经久不息地流行于文人士大夫间，为宋代（960—1279）的儒学复兴铺平了道路。中国人逐渐见识到了印度哲学尤其在形而上学和方法论领域的精妙高深。对佛教之所长的这一认知使原本对孔子亦步亦趋的儒家获一大推动力。

当儒士埋头于为新出土的经文传注时，佛教徒则忙着解说佛经之大业。他们不仅译出大量梵文佛经，而且还撰写了不少极具原创力的宗教哲学作品。灵感当然来自佛经，但他们的运化工夫着实了得，中国佛教可以说是自出机杼，更深入地参悟到了万物之本质。

提到中国哲学史，很多人通常将它等同于儒家哲学史，因为除了在产生诸子百家的先秦时代，儒家似乎是硕果仅存的哲学。但如想要更彻底理解宋代儒学复兴的思想脉络，则千万不可忽略宋代以前儒家"蛰伏冬眠"那段时期佛教思想之发展的重要性。

中国哲学在宋代的复兴是中国哲学史上的一大分水岭事件。① 在沉睡千年之后，中国人的思辨如今相比起先秦时代，可谓更具慧识地——虽然不是更一往无前地——把握了斯芬克斯之谜题。佛教这一外来的新学说让中国思想家抖擞起全副

---

① 将先秦哲学和相对晚近的宋明理学结合起来看，我们就能够看清中国心灵在它漫长历史进程中的思辨发展。在前一个阶段，中国思想家独创性地去解决宇宙问题，未受到任何外来影响。（所谓的早期道家受到印度文化的影响是无稽之谈。）而在后一个阶段，宋代的哲学家们致力于从佛教中借力，去处理旧问题，即便他们从未公开承认过这一点。

精神来面对它。它提供了更多思想养分以供咀嚼和吸收进中国自有体系中。中国人也从未盲目生吞活剥。他们出于直觉，弃去佛教与中国人"功用"天性不太能擦出火花的部分。他们仅就儒家在自己思想练习中所提出的那些问题，从佛教中汲取灵感。公允地说，宋代的哲学复兴并没有提出全新的哲学问题，仍旧是在先秦儒学所划定的窄道上行进。在先秦时代，儒家仅是诸子百家中的一家，地位并非像后世那样至尊独大。当时的"诱惑"太多，先秦思想家不至于被某个既定学说缚住手脚。而宋代的情况则大为不同，宋代哲人从未想过偏离儒学之老路。他们熟悉许多西来的新思想，致力于对它们加以运用，仅仅是为了克绍孔孟，用来更深入地解读有如亘古真理般的儒家教义。他们从未想到过与儒家思想分道而行，宋代新儒学的原创之处便在于对旧体系的全新诠释。

严格来说，中国人不属于希腊人或印度人那样的思辨民族。中国哲学的兴趣永远以道德科学，或者说实践伦理学为中心。无论推理有多精深，想象有多奇诡，中国人从未忘却事物的实践或曰道德面。他们拒绝被带往一个只有纯粹观念存在的清冷天宇，唯愿紧紧与世间关系相偕行。对于那些肉身拘于大地上的仰望星空者，他们投以一笑，因为思想再如何盘旋九皋之上，尘世间的命运终是不可能改变的。这是我们在研读中国思想史的时候必须铭记在心的。儒家的功用和保守特质给它烙上了一个永久的封印，使它永不能踏上彗星轨道漫游。

宋代之后便是元朝。短命的元朝并未给中国哲学史带来多少可值得书写的贡献，留下的几乎是空白。然而到了明代，却诞生了一位不世出的道德完人、思想巨人王阳明（1472—1529）。他是涤荡中国人心灵的宋代新儒学的绳其祖武者。虽然王阳明算不上从儒学出走的独立思想家，但他以惊人的原创力，开辟出一条肯认并实现孔孟旧学的新路。

在大哲王阳明逝去之后，中国哲学史重新又

被乌云笼罩,中华大地始终没有出现那种冲破万马齐喑的新思想。辛亥革命以来,万象更新,但就思想领域而言,保守主义这一鸦片的过量使用已造成一种如梦似幻的惰性状态,中国哲学如何清醒过来乃至于奋起,都始终是个未知数。

西方思想文化进入远东其实已经有些年头了,能从破敝不堪的哲学用语、传统与迷信中挣脱出来的中国人却还不及万一。辛亥革命给中国的政体带来了天翻地覆的变化,然而大众仍未充分意识到20世纪思想运动的重要意义。这种现象当然也能用在亚洲诸邻国身上。不过,当这位东方巨人完全醒过来,开始大力利用西方的方法论和科学,中国必能创造出与其悠久历史相称的伟大成就,为人类思想做出原创贡献。目前绊住中国人,使之在人类文明大步前进的这个世纪裹足不前的,并不在于中国人缺乏思想能力,原因仅仅是他们用来探索大自然和心灵的方法太老旧。方法论是知识的钥匙。假使中国人一改对现代思想活动的态度,中国那浩如烟海的知识宝藏造福全世界的时代必定会到来。

先秦时期产生了整个中国哲学史上最丰硕的原创思想。文明的潮水浩浩汤汤，再加上有利的社会政治环境，中国人的心灵便义无反顾地投入到对生活和宇宙的大胆思辨中。它不受过去的羁绊，完全地表达自己，大踏步走入一片从未被人类涉足的处女地。自然选择还未曾将某一种对生活的定义，"钦定"为普遍适用于中国人有关国家、道德和思想特性的学说。诸子百家，百花竞放，竞争自由又激烈，时代仍未宣布哪一家是最合适的生存者。儒家不过是苦苦求生的诸子之一。道家则还未成有系统之一家。所谓的异端，与正道同台竞技，毫不畏惧。由于言论自由，不受传统和学问的专断裁制，每个有独特想法的人似乎都可以找到自己的听众。如果当时的印刷和流通技术和现在一样发达，无法想象这一先秦时期的中国思想世界会呈现出何等盛况！

中国人的心灵似乎在这一时期耗尽了血气，因为在接下来的悠长岁月中，再也没有类似原创的思想横空出世。有些煊赫一时的思想甚至完全湮没于后世。随着儒术被定于一尊①，哲学家们忙着以更目光如炬或更通俗易懂的方式阐明儒家思想，其他学说是不被鼓励的，基本得不到生存空间。在这方面，秦朝之后的中国思想史和欧洲的中世纪哲学史如出一辙，只不过前者的因循方式较为温和罢了，因为儒家和中世纪基督教不一样，对于各种迷信、狂热和非理性并不感冒。儒家思想在根本上是道德化的，也是功用主义的，拒绝被掷入形而上学的深渊。于是乎，道家思想

---

① 儒家的至高无上地位并不是一蹴而就的。开始时，儒家遭遇到道家的强烈攻势，尤其在汉初，即文帝景帝父子（景帝受到母后窦太后的影响）时期，道家似乎更为流行。汉武帝即位后，儒生积极参与政事，最终孕育出汉代学术的黄金时代。随后的魏晋南北朝，佛教思想从道家那里汲取了不少活力，盛行于世。唐代早期，李唐宗室宣称自己是老子后人，老子地位陡升。唐代皇帝加老子尊号为"太上玄元皇帝"，并为老子特意修建太清宫，每年亲自祭祀。纵然不受帝王青睐，儒家思潮却汹涌而来，在唐代不断积聚力量，并最终胜出。随着以儒家五经为中心的科举考试制度的确立，佛道两家从此失去了中国的士大夫群体。众所周知，士大夫文化是中国的文化核心，道家后来面临的困难处境便不难想见。

中那些幽微的部分，便遭到扼制，无法有任何进一步发展，即便遇到印度思辨在中国的典范——佛教，也依然如此。庄子哲学可谓老子一派哲学的高峰，没有体系，也没有方法，但是充溢着神秘的表达以及模糊的假设。因此我们说，先秦时代的中国哲学，远比后来任何一个时代在思想上更丰富，在视野上更宏阔，在思辨上更大胆。

妨碍中国哲学全速前进的诸多原因中，表意汉字的使用至少是一项。汉字自身难记又笨拙，而且其语法建构也极为松散。动词没有变位，名词无词尾变化，时态关系也不能语法化地进行表达。语言是理性的工具，与此同时它也是理解的钥匙。工欲善其事必先利其器，如果无法装备好工具，恐怕很难打造出我们理想中的产品。对于作者意欲表达的内容，读者也会茫然。第一流的思想家怎么可能满意于用中文表达自己呢？简洁有力在某些文学形式中是优点，中文在这方面有极佳表现。但是当逻辑上的精准度和文字上的确定性是第一要务时，中文的上述修辞优势不但毫无意义,而且实际上对哲学写作造成一种不便,甚至障碍。①

中国所缺失的,还有逻辑学,这在先秦乃至后世的中国哲学中都历历可见。在印度和希腊,当思想文化达到和先秦中国类似的高度时,希腊人有了逻辑学,而印度人有他们的因明学。这两个文明在推理上非常严格,在给出结论的过程中极为系统,其心灵构成材料似乎比中国人的更为纤细。中国人的心灵充满了常识和实用知识,不想将精力浪费在明显与每日生活不相涉的"无用之物"上。他们不一定追求思想的清晰与表达的精准,因为在我们身处的尘世中,并没有什么东西是纯然抽象的。中国人也许无意识地观想到,

---

① 可以想象,当第一代中国佛教徒要将高度抽象复杂的佛经译成中文时,他们面临的困难有多么艰巨。这些佛经永远不可能被简化甚至转化为某种中国古典哲学。于是,即便在佛教进入中国,与本土思想交流互动一千多年之后,佛教文献仍然自成一派经典。仅精通传统经典的中国学者对于佛经不可能无师自通。哪怕是中国佛教徒,如果不通梵文或巴利文,那么在阅读中译的佛经时也会遇到几乎不可逾越的障碍。

没必要使自己陷于精微术语与抽象思辨的泥沼中。故而，中国哲学并未委身于神秘主义的薄雾——虽然道家哲学略有所不同——它骎骎进于日常生活之经验，在这里没有绝对存在，没有神迹启示，也没有死后的永生。

现在，让我们来看一下先秦中国哲学的主要思想贡献，我粗略地分为哲学、伦理学和宗教三大部分。

第一章 哲　学

中国哲学总是很实际,它与人间事务密切联系在一起。似乎没有本体论思辨,没有宇宙论假设,也没有抽象的伦理学理论,值得中国人去进行严肃的沉思,除非它们具有实际的道德意旨。中国哲学其实是致力于抵达存在的终极根柢的,只不过其图景不像西方哲学那样宏大。对中国人来说,它并不等同于包孕着无穷关系的全宇宙,而仅仅是其一部分,也就是人间事务——与尘世间的政治社会相关的一切。因此,除了道德言说之外,中国并无纯粹哲学。中国哲学可以说严格遵循了18世纪英国诗人亚历山大·蒲柏的这一诗句:"认识你自己。且莫狂妄地窥测上帝,人类的研究对象应是人本身。"在我们探讨中国哲学史的时候,这一点千万要铭记于心。虽然这一章讲述的是"哲学",不过我们也必须明白,中国人仅将哲学视为次要议题,并不作为他们思想事业的主要目标。

阴阳二元论

先秦时期诞生了两大典范性的哲学思潮,并贯穿于整个中国哲学史。一为《易经》和孔子所代表①,

---

① 孔子的主要工作是"述而不作","编订五经,宗周以成王道"。传统认为孔子亲作《春秋》(五经之一),以及《易经》中的"传"部分,但很多现代学者怀疑它们并非出自孔子之手。孔子去世后不久,由其门生所编的《论语》,最能反映孔子的思想观点。不过我们今天看到的《论语》并非其原初模样,因为直到汉代,传世本《论语》才真正定型。《论语》让我们得窥孔子其人,可以说它就是孔子的《新约》。理雅各的英译《论语》出版于1893年,其中还收入了"四书"中的《大学》与《中庸》。"四书"中的最后一部《孟子》也由理雅各译出。

另一为老子所代表①。前者抱持一种二元论，显示出不可知的实践倾向；后者则有一种一元论的神秘主义和先验取向。

二元论是中国人所建构的首个思辨哲学体系，出现于最古老的作品之一《易经》。《易经》这部书可以说是所有中国传世典籍中最不可索解的一部。为了探明它的真正价值和意义，历史上曾出现过许多彼此颉颃的理论。我个人认为，《易经》本义在周初就已丢失。据传说，周文王和周公将《易经》视为一部囊括自然现象和世间人事的文献，兼有占卜之功用，于是为这部经典写下包含实践智慧和道德指导的卦爻辞。四百年后，孔子也惑于《易经》的真实意旨，文王和周公的诠释不能让他完全满意。孔子希望能为《易经》中不可索解的段落找出思辨性的哲学基础。他曾说过这样热忱的话："假我数年，五十

---

① 老子的生平至今迷雾重重，不过有一点可以确定的是，他是孔子的同时代人且略年长，大约活跃于公元前6世纪。传说老子骑青牛出函谷关时，在友人或门徒关尹子的请求下，写下了五千言《道德经》。

而学《易》，可以无大过矣。"传世《易经》分"经""传"两部分，经是本体，传是解经的"十翼"。据传后者便是孔子所作①，其中包括了不少哲学思考，而后来的注疏家据此称《易经》全书原初即为一部哲学之书，后来才变为卜筮之书。且不论《易经》本义究竟为何，我们这里要说的是，早期的中国思想家正是从《易经》中演绎出一套关于世界的二元体系。

有些词源学家认为，"易"字由"日"和"月"构成②，无论这是否为"易"字的真正词源，该解释可以说是独具慧见，因为易意味着变

---

① 《易经》的"传"部分是否孔子所写，如今已不可考，不过其中也许收录了孔子的某些言论和思想，特别是"子曰"开头的段落。不过作为整体的"传"很明显出自多人之手，因为其文风、表达方式以及观点有很大差异。
② 还有学者指出，"易"的本义是"蜥蜴"（变色龙），因此在词源学上与"龙"联系在一起。变色龙的最大特点在于它的皮肤能随环境的变化而变色，"易"就逐渐演变为对各种变化的抽象意指。《易经》作者生活的年代，变色龙也许很常见，他或他们惊异于变色龙神奇的肤色变化，利用它进行占卜，而写成《易经》。

化——包括各种形式的变化,从日光变为月光,从播种的春时到收获的秋日,或者从好运变为舛运,或者相反。变化是所有活动的最基本特征,而变化的原因在于宇宙中的阴阳互动。阴和阳两大相反的力,在《易经》中叫作乾和坤——乾为六阳爻,坤为六阴爻——乾坤相荡,万物乃成,天地间的永恒变化也由此而生。

《易传·系辞上》第一章这样说:

> 天尊地卑,乾坤定矣。卑高以陈,贵贱位矣。动静有常,刚柔断矣。方以类聚,物以群分,吉凶生矣。在天成象,在地成形,变化见矣。是故刚柔相摩,八卦相荡,鼓之以雷霆,润之以风雨;日月运行,一寒一暑。乾道成男,坤道成女。乾知大始,坤作成物。乾以易知,坤以简能;易则易知,简则易从;易知则有亲,易从则有功;有亲则可久,有功则可大;可久则贤人之德,可大则贤人之业。易简而天下之理得矣。天下之理得,而

成位乎其中矣。

《系辞下》有言,

子曰:"乾坤,其易之门耶?"乾,阳物也;坤,阴物也。阴阳合德,而刚柔有体。以体天地之撰,以通神明之德。

这里再引《系辞下》的一段文字,从中可以更清晰领略到《易经》的二元论体系:

昔者圣人之作易也,将以顺性命之理。是以立天之道,曰阴与阳;立地之道,曰柔与刚;立人之道,曰仁与义,兼三才而两之。

无论为乾坤、刚柔,还是天地、男女或者阴阳,根据《易经》的说法,两大独立的力,相互作用,在某些天下之理的支配下,构筑了整个宇宙。而赜然天下之理,便体现在《易经》

所列举的六十四卦中。由于中国人崇尚功用，所以并未将像毕达哥拉斯那样用抽象哲学含义来看待这一数的概念，而是将它限定于芸芸的人间事务上。即便孔子想从《易经》的编纂中得出一套自然哲学体系，他仍旧无法忽视《易经》的道德义涵，而放任自己飞入天际去思辨。中国人最大的心灵特质便是将一切可想象的主题道德化。他们对此有着不可遏制的冲动，即便是对着明显非感官特性的六十四卦及其卦画也是如此。①

---

① 在这里，我不准备详述《易经》一书及其微言大义，因为它和我们这里的讨论关系不大。《易经》的"传"非常重要也颇可玩味，它不仅体现了中国早期哲学的一大模式，而且还预见了中国哲学在宋代的新发展。若想进一步了解卦爻，可以参见 Paul Caru, *Chinese Philosophy and Chinese Thought*, Chicago Open Court Publishing Co., p. 25 ff.。

实证主义[1]

儒家哲学的最典型之处，除了二元自然观，便是对形而上学的极力躲避。孔子及其传人一而再再而三地强调儒家"敬鬼神而远之"的这一特点，拒绝超越我们的日常经验。他们的平淡智性只停留在此世的人间万物，在自然界发现互相摩荡的阴阳二力已经满足了他们的好奇心。对超越于阴阳之道或者五行神秘相生相克的可见宇宙之外的那个形而上领域，他们并无兴致。物理世界以及道德世界中的法则正是通过阴阳互动以及五行相生相克而建立起来的，而《易经》把这些法则（天下之理）尽数罗列。由此，生而为人的我们要做的就是顺天下之理而行之。唯其如此，方可谓穷理尽性，人之为人的任务也便完成了。为

---

[1] 实证主义（positivism）指的是强调感觉经验、排斥形而上学的哲学方向。

什么还要费心超越这些可碰触、可理解的天下之理,只为了找寻先验的、对我们的伦常并无任何实际影响的存在呢?难道不放任想象力翱翔于九天之外,我们就不能够沛然自足吗?这是最具孔子特色的儒家态度。

> 子曰:"未能事人,焉能事鬼?"敢问死。曰:"未知生,焉知死。"(《论语·先进》)

> 子不语怪、力、乱、神。(《论语·述而》)

> 子曰:"鬼神之为德,其盛矣乎!视之而弗见,听之而弗闻,体物而不可遗。使天下之人,齐明盛服,以承祭祀。洋洋乎,如在其上,如在其左右。诗曰,'神之格思,不可度思,矧可射思?'夫微之显,诚之不可揜如此夫。"(《中庸·十六》)

从上述引文看,儒家学说的形而上学观便呼

之欲出了。世间生活的另一端,也许有别样的存在。也许有一精神存在于所有这些自然现象和道德行为的背后,并源源不断向后者提供无法解释的能量。实际上,我们能感受到"视之而弗见"的神秘存在,"齐明盛服,以承祭祀"之时,便是对它的承认。但是,我们并不知悉它的确切性状与意涵,它太深邃,太不可捉摸,不是人类理智可以企及的。而源自于它的天下之理,则是可感可知的,尽述于《易经》之中。身为世间凡人,我们要做的便是去认知这些可知的现象,将不可知的一切悬置。理性的这条红线似乎在所有儒家思想家那里心有灵犀。

儒家和其他中国哲学家会论及天、天命以及太极,但是对于天这一未定义的存在或至理,他们似乎从未试图去一探究竟。

《易经》中可以寻绎出一种唯心主义的一元论神秘主义倾向,虽然只是偶见,该倾向后来在宋代的思辨哲学中得到了充分发展,不过在早期儒家那里是完全被忽略的。我在这里摘录《系辞》的几处引文来证明我的观点。在征引之前，需要指出的是，"易"有时具有抽象之理的意涵，而非仅仅是阴阳交会的纯自然现象，而且它有时候指称一种哲学体系，即尽善尽美地解释了这一二元世界中所有变化之理的哲学体系。

> 易无思也，无为也，寂然不动，感而遂通天下之故。非天下之致神，其孰能与于此。夫易，圣人之所以极深而研几也。唯深也，故能通天下之志；唯几也，故能成天下之务；惟神也，故不疾而速，不行而至。
>
> 是故，易有太极，是生两仪，两仪生四象，四象生八卦，八卦定吉凶，吉凶生大业。
>
> 易与天地准，故能弥纶天地之道。仰以观于天文，俯以察于地理，是故知幽明之故。原始反终，故知死生之说。精气为物，游魂为变，是故知鬼神之情状。与天地相似，故不违。知周乎万物，而道济天下，故不过。旁行而不流，乐天知命，故不忧。安土敦乎

仁，故能爱。范围天地之化而不过，曲成万物而不遗，通乎昼夜之道而知，故神无方而易无体。

最后，"易"似乎还在"遵循法律"（德语Gesetzmässigkeit）的意义上被使用，比如"乾坤成列，而易立乎其中矣。乾坤毁，则无以见易；易不可见，则乾坤或几乎息矣"。

以上都是非常值得细细回味的段落，如果这些文字真是出自孔子，这将表明孔子不仅仅是一位道德师，他完全有对生命以及世间万象进行探赜索隐的能力。后来的儒学之所以成为我们所看到的这个样子，一定程度上要归咎于儒家传人过分拘泥于儒家学说的实践部分，而以失掉它的思辨部分为代价。若孔子学说得到更加忠实的继承，它的各个向度都得到全面开展，那么老子思想和儒家思想会通的到来时间会更早一些。

先秦儒家里面最富才情的一位，当属孟子。① 正是通过孟子，儒家最终才以我们今天所熟悉的面目具体而微地建立起来。

孟子常常提到浩然之气，"其为气也，至大至刚，以直养而无害，则塞于天地之间。其为气也，配义与道；无是，馁也。是集义所生者，非义袭而取之也。行有不慊于心，则馁矣"（《孟子·公孙丑上》）。我们可以将浩然之气译为天地间无所不在的一种动能（universal energy），激起乃至促进世间万物的活动。它是宏观世界的神经系统，为生命注入动力。

但是，孟子并未在此广义上使用这个概念。他把浩然之气限制在我们的道德生活领域。比起孔子的天或者天命——天或天命看起来像《尚书》中自然宗教观的残余，虽然形式更为精

---

① 孟子详细系年不可考，大约活跃在公元前379—前294年。《孟子》一共有七篇，和《论语》类似，主要是孟子的言论汇编，收入孟子与列国君主、学生门人以及当世诸子的不少对话。

致——浩然之气更为具体，因此距我们的人性更近。不过，孟子还是太过实践化，太过伦理化，他很明显对于《易经》的形而上学方向毫无兴趣。孟子仅仅发展了孔子这一伟大先师的伦理学，不过儒家伦理学经孟子之手也并未臻至完满。于是可以说，孟子是儒家实证主义的真正代表人物。

老　子

在先秦时期，儒家所代表的极度功用化的实证主义思想特质虽喧腾于世，但不能说当时没有与之相对抗的思想倾向。后者在中国哲学史任何时段里都未得到完全显扬，不过在其发轫之初，却也成为一道坚固阵线。它们在发展过程中常遭打压，而且不时看不到自己的根本特质。也许，这些缺陷是其哲学体系本身所自带的。这一脉思想发源于《道德经》①，其基本面相可以被勾勒为一元论、神秘论、超验主义，有时候还是泛神论的。不过老子并不是这些思想的首创者或唯一扛鼎者。在老子之前还有很多先行者②，他们的言行散见于《论语》《孟子》《庄子》《列子》甚至《道德经》等作品中。我们谈论的《道德经》作者，其最大意义在于他将一种独特的文学形式给予这些概念，使我们可以对中国的一元论思潮的历史进行一番返本溯源。

从孔子到老子，无疑会让人感受到一种完全的

---

① 《道德经》共五千言，碎片化的行文让读者有时很难将其当作一部有机完整之作品来阅读，我们或者可以视其为格言汇编。全书的章节并非作者自为，而是经后人编定，现在已经不清楚该书是何时开始分章的。在司马迁的《史记》中，《道德经》只分为道经和德经两部分，并不分章。后来的注疏者，根据各自的判断，分别曾将《道德经》分为五十五、六十四、六十八、七十二或八十一章。我们在这里采用八十一章的版本，不是因为这一分章法能使读者更好地理解《道德经》，而仅仅在于这是最通行的版本。
② 从频频出现的"是以圣人云""古之所谓"，可知《道德经》中收录了不少道家先驱的言论。

场景转换。孔子映照出了最典型的中国人心灵,他从不离开平凡无奇而正常的人类生活实践之途,他的双眼坚定地注视着人间的道德关系。老子偶尔会偏离中国人的心灵,不过他从不犹豫于登上思辨或想象那令人眩晕的最高峰。《道德经》的开篇就让我们见识了老子的思想模式与儒家如何不一样:

> 道可道,非常道;名可名,非常名。无名,天地之始,有名,万物之母。故常无,欲以观其妙,常有,欲以观其徼。此两者,同出而异名,同谓之玄,玄之又玄,众妙之门。

在老子看来,有一物,它不可定义,也在人类的理解之外,它是万有之根源。老子将它称为"道"。但是,道不仅是天地间的常理,万物运动的准绳,它也似乎是一种原初的混沌体,见《道德经》第二十五章:

> 有物混成，先天地生。寂兮寥兮，独立而不改，周行而不殆，可以为天下母。

再看《道德经》第十四章：

> 视之不见名曰夷，听之不闻名曰希，搏之不得名曰微。此三者不可致诘，故混而为一。一者，其上不皦，其下不昧。绳绳不可名，复归于无物，是谓无状之状、无物之象，是谓惚恍。迎之不见其首，随之不见其后。

老子似乎将道构想成既是天地间的常理，同时又是这纷繁的现象世界之所从出的某种原初物。《道德经》第二十一章：

> 道之为物，惟恍惟惚。惚兮恍兮，其中有象；恍兮惚兮，其中有物；窈兮冥兮，其中有精，其精甚真，其中有信，自今及古，其名不去，以阅众甫。

作为天地之常理、万千运动之准绳的道，它不可名之，人类智性对之也莫可奈何；作为世间万物所从出的原初物，它是一种潜在性。道是一种无状之状、无物之象，恍惚窈冥，先天混成。从《道德经》文本来看，对于这两种区别甚大的"道"，老子很显然没有意识到其中存在的概念混乱。形而下意义上的道，在致力于将道家宇宙论嫁接到易经哲学的宋初道学家那里，逐渐演变成了太极①。而老子的形而上学意义上的道，则被早期道家继承人转化成一种泛神论和神秘论。在宋儒著名的性理辨义之中，它也起到了推波助澜的作用。但不管如何，老子堪称中国哲学史上首

---

① "太极"二字最早出现于《易经·系辞传》："易有太极，是生两仪"，不过这里的"太极"似乎并不具有多少形而上学意义，而仅仅是它的字面意思，用英文写来就是 great limit。宋初思想家周敦颐开始为"太极"添上了浓重的哲学意涵，他的《太极图说》开篇曰："无极而太极，太极动而生阳，动极而静，静而生阴，静极复动，一动一静，互为其根，分阴分阳，两仪立焉。"

位一元论者,正如《易经》是第一部高举二元论的中国哲学作品。

一元论

先秦时期,留下传世作品的老子哲学继承人有列子、庄子,可能还有关尹子。他们将《道德经》中隐约勾勒出的一元论、神秘论和唯心主义思想进一步发扬光大。随着中国人的心灵思辨在战国末年达到高潮,这几位道家哲学家所展现出的智性深度,其汪洋肆意,其新颖殊绝,都是后来思想家不可能比肩的。

我们首先来看列子①。列子最独特的地方在

---

① 列子,也叫列御寇,通常被认为在老子之后,庄子之前,大约生活在公元前 5 世纪。《列子》一书由他的门人编辑而成,一共包括八篇,今本《列子》为公元 4 世纪的东晋张湛辑注。我在本书中引用的《列子》多出自第一篇即《天瑞》,因为这一篇充分展现了列子的本体论观点。

于他的宇宙论。在他看来，我们所身处的"可名"的现象世界来源于"不可名"的绝对存在。这一绝对存在叫作道，或谷神，或玄牝——这几个术语都来自老子。宇宙自生自化、自消自息，绝非个人意志之所为。列子认为，无名即有名，不可知即可知，因此没有必要在这一"有名""可知"世界之外，创造一个遗世孤立的道体。无名之体自然而然地生化而成形形色色的现象世界，它必然要在阴阳之畛域展开它自身。

用列子自己的话来说：

> 有太易，有太初，有太始，有太素。太易者，未见气也；太初者，气之始也；太始者，形之始也；太素者，质之始也。气形质具而未相离，故曰浑沦。浑沦者，言万物相浑沦而未相离也。视之不见，听之不闻，循之不得，故曰易也。易无形埒，易变而为一，一变而为七，七变而为九。九变者，穷也，乃复变而为一。一者，形变之始也。清轻者

上为天,浊重者下为地,冲和气者为人;故天地含精,万物化生。

在这段引文中,列子似乎仅仅从物质的潜在性来理解所谓的"浑沦",不过当我们往下看,会发现列子并没有完全忽略道的层面——由此"浑沦"方才得以演化,用列子的术语叫作"疑独""往复"。"不生者疑独,不化者往复",唯其不生,故能永生,唯其不化,方能往复。往复者,不往亦不复,因为它是万物往复之根。复者必然有往,往者必然会复,只有往复"其际不可终"。道在列子那里有另一个指代叫作"无为":

> 生之所生者死矣,而生生者未尝终;形之所形者实矣,而形形者未尝有;声之所声者闻矣,而声声者未尝发;色之所色者彰矣,而色色者未尝显;味之所味者尝矣,而味味者未尝呈:皆无为之职也。

万事万物如此往复是否永无尽头？世界是否处于永恒的循环中？列子似乎持肯定答案，他说：

> 有生则复于不生，有形则复于无形。不生者，非本不生者也；无形者，非本无形者也。生者，理之必终者也。终者不得不终，亦如生者之不得不生。而欲恒其生，画其终，惑于数也。精神者，天之分；骨骸者，地之分。属天清而散，属地浊而聚。精神离形，各归其真，故谓之鬼。鬼，归也，归其真宅。

列子相信生与死的循环是自然界不可回避的苦难。此生仅是一个暂时住所，不是真正的家。生命意味着客居或旅居，死亡是回归真实的故里。生不能说必然好于死，死也未必好于生。生与死，存在与不存在，成与毁，是自然间不得不如此的冥冥定数，整个世界可以说是围绕着永恒之轮而不停转。置身于此永恒之轮，智者处生，仿佛不生。这是所有道家哲学家的性格特征。他们始于一种一元论哲学,终于一种超然的伦理学态度。

以下《列子》中的一段话,给我们刻画了道家哲学面对生命和宇宙的超然态度,而这又是道家的绝对一元论哲学的心理学成果:

> 杞国有人忧天地崩坠,身亡所寄,废寝食者;又有忧彼之所忧者,因往晓之,曰:"天,积气耳,亡处亡气。若屈伸呼吸,终日在天中行止,奈何忧崩坠乎?"其人曰:"天果积气,日月星宿,不当坠耶?"晓之者曰:"日月星宿,亦积气中之有光耀者;只使坠,亦不能有所中伤。"其人曰:"奈地坏何?"晓者曰:"地积块耳,充塞四虚,亡处亡块。若躇步跐蹈,终日在地上行止,奈何忧其坏?"其人舍然大喜,晓之者亦舍然大喜。长庐子闻而笑曰:"虹蜺也,云雾也,风雨也,四时也,此积气之成乎天者也。山岳也,河海也,金石也,火木也,此

积形之成乎地者也。知积气也，知积块也，奚谓不坏？夫天地，空中之一细物，有中之最巨者。难终难穷，此固然矣；难测难识，此固然矣。忧其坏者，诚为大远；言其不坏者，亦为未是。天地不得不坏，则会归于坏。遇其坏时，奚为不忧哉？"子列子闻而笑曰："言天地坏者亦谬，言天地不坏者亦谬。坏与不坏，吾所不能知也。虽然，彼一也，此一也。故生不知死，死不知生；来不知去，去不知来。坏与不坏，吾何容心哉？"①

---

① 译文为：杞国有个人担忧天会塌下来，地会陷下去，自己的身体无处可藏，因而睡不着觉，吃不下饭。又有一个担忧他这样子担惊受怕的人，前去向他解释，说："天是气的积聚，无处没有气。就像你弯腰挺身、呼气吸气，整天在天空中生活，为什么要担忧它崩塌下来呢？"那人说："天果真是气的积聚，那日月星辰不会掉下来吗？"向他解释的人说："日月星辰，也是积聚起来的气中有光辉的物体，即使掉下来，也不会伤害什么。"那人说："地陷下去怎么办呢？"解释的人说："地是土块的积聚，充满了四方空间，无处没有土块。就像你停走踩踏，整天在地上生活，为什么要担忧它陷裂下去呢？"那人放下心来，十分（接下页）

超验主义

庄子比老子和列子年代略晚,他是道家为中

(接上页)高兴;那个为他担心的人也放下心来。长庐子听说后笑着说:"虹霓呀,云雾呀,风雨呀,四季呀,这些是气在天上积聚而形成的。山岳呀,河海呀,金石呀,火木呀,这些是有形之物在地上积聚而形成的。知道它们是气的积聚,是土块的积聚,为什么说它不会毁坏呢?天地是宇宙中的一个小物体,但却是有形之物中最巨大的东西。难以终结,难以穷究,这是必然的;难以观测,难以认识,也是必然的。担忧它会崩陷,确实离正确的认识太远;说它不会崩陷,也是不正确的。天地不可能不毁坏,最终总会毁坏的。遇到它毁坏时,怎么能不担忧呢?"列子听到后,笑着说:"说天地会毁坏的意见是荒谬的,说天地不会毁坏的意见也是荒谬的。毁坏与不毁坏,是我们不可能知道的事情。即使这样,毁坏是一种可能,不毁坏也是一种可能,所以出生不知道死亡,死亡不知道出生;来不知道去,去不知道来。毁坏与不毁坏,我为什么要放在心上呢?"

国哲学所贡献的一位不世出的天才。① 列子的思想也许可以说比老子深邃，但庄子所具有的那种殊绝天才，他是望尘莫及的。庄子处理的主要哲学问题都来自于老子，前人隐约提出的许多观点，在庄子那里得到抉发和细化。比如和老子一样，庄子也认为天地始于无名，但庄子的无名更加抽象，更加超验，因为当我们说"无"先于"有"，这一"无"便带着些许相对性和条件性，导致"有无矣，而未能无无也"，而实际上，并没有"无"这种存在。因此，应该说太初"无无"，这不是有条件的无，而是绝对的无（详见《庄子·齐物论》。在这里，庄子乐此不疲地投身于微妙的玄学讨论）。

老子学说的根本特征是一元论和理念论，与

---

① 庄子与孟子大约同时代，公元前4世纪末时应该仍活跃着。他是一名伟大的古典作家，其文章堪称早期中国文学之翘楚。通行本《庄子》分为三部分，"内篇""外篇"和"杂篇"，一共三十三章。《汉书·艺文志》著录《庄子》有五十二篇，由此看来将近二十篇已经散佚。关于该书的真伪，目前的共识是"内篇"为庄子亲撰，"外篇""杂篇"则羼入不少伪出段落。不过整体而言，即便是伪出段落也是对庄子思想的发展。

易经哲学的二元论形成鲜明对比。老子对于催生多元论的纷纷扰扰的现象世界毫不掩其鄙夷之情。但是，他并没有完全从现象世界一跃而出，而是满足于停留在那里，做一个虚静的"和光同尘"者。对庄子来说，现象世界无可留恋，他要抟扶摇而上升到无限之域，眠入一个静谧无梦的睡乡。这是庄子的理念。因此可以说，庄子的超验主义理念论远比老子思想要激进。

在庄子身处的时代，哲学论辩如此喧嚣，令人困惑而莫衷一是，这把庄子从他的忘我出神的超验主义中吵醒。庄子开始坚信这一现象世界并无真实性，他都不知道自己是不是活在一只蝴蝶的梦里：

> 昔者庄周梦为胡蝶，栩栩然胡蝶也。自喻适志与！不知周也。俄然觉，则蘧蘧然周也。不知周之梦为胡蝶与？胡蝶之梦为周与？（《庄子·齐物论》）

庄子指出，既然这个世界的万物都是有条件

有限定的，观点与观点之间的龃龉便避免不了，"彼亦一是非，此亦一是非"。每个人都有自己的独特天性，那么也许真理就现于其间，只不过每个个体根据其内在必然性发生不同的反应。如同一阵大风吹过崔嵬山林，因大树周身的窍穴之不同，而产生各种回响，有的像水流湍急的声音，有的像箭头飞去的声响，有的像军官的叱声，有的则像虎啸，如此无穷：

> 夫大块噫气，其名为风。是唯无作，作则万窍怒呺。而独不闻之翏翏乎？山林之畏佳，大木百围之窍穴，似鼻，似口，似耳，似枅，似圈，似臼，似洼者，似污者。激者、謞者、叱者、吸者、叫者、譹者、宎者、咬者……（《庄子·齐物论》）

由此看来，对各个观点品头论足，宣布哪个更代表了真理，岂不是完全无必要？

庄子说，关于这个世间的辩论毫无必要。只

要天地万物是相对的、有条件的,那么必然就会有善有恶,有正有负,有来有往。天底下最愚昧不过的事,就是宣称自己走的这条路是唯一的正途。难道不是每个人都有意志和权利选择他自己的路来走吗?如果说我不愿意别人来否定我的本性,那么别人也有同样的权利随他们的天性而行。对我有益处的东西未必适合别人,反之亦然。鸭虽腿太短,如果人要去帮它续足,它一定不乐意,鹤虽然腿太长,如果帮它截去一截,它肯定会痛苦("凫胫虽短,续之则忧。鹤胫虽长,断之则悲");西施是绝世美女,但当她曼妙的倒影出现在水面上,鱼儿不会欣赏她的美,而是会受惊游走。

《庄子·至乐》讲了一则悲伤的寓言:从前,有一只海鸟栖息在鲁国都城的郊外,鲁国国君认为是神鸟,让人驾车把它迎进宗庙里并向它献酒,演奏《九韶》使它高兴,安排牛羊猪三牲备齐的筵席给它吃。海鸟却目眩忧愁,不吃不喝,三天就死掉了。("昔者海鸟止于鲁郊,鲁侯御而觞之于庙,奏九韶以为乐,具太牢以为膳。鸟乃眩视忧悲,不敢食一脔,不敢饮一杯,三日而死。")庄子感叹:"此以己养养鸟也,非以鸟养养鸟也。"庄子强调要尊重每个人的天赋自由,给予他们自我思考和自我行动的权利。他最终达到这样一个观点:所有争论都应该平息,因为观点的分歧是源自于人类对天地万物的不当干涉。

但是,每个个体的真正天性如何才能找到呢?庄子似乎认为,道无所不在,我们之所以颠倒真假,是因为没有让道以自己的方式运行。如果能从主观偏见中解脱出来,我们也就能自由地跟随大道之指引,每个个体也各尽其性,世间再没有纷争与口角,我们的生命就能与无限之道融为一体。在庄子看来,找到万事万物的真性,其实很简单:使你自己从充满主观臆断的无知状态翻身而出,在你自己的存在中找到无所不在之道,你便也能在他人他物那里找到道,因为道不可能在某处是这一个,在另一处是别一个。"道通为一",它在所有存在物那里必然是同一的,因为"我"和"万物"生自于同一根源,在这同一性中,我们能抛掉所有的意见和纷争。在庄子这里可观察到道家的主观化倾向，与它的对手儒家形成了鲜明对比。这样的道家堪称神秘主义。

那么，道究竟是什么？我们是否能知晓它的确切特性？庄子如是说：

> 夫道有情有信，无为无形；可传而不可受，可得而不可见；自本自根，未有天地，自古以固存；神鬼神帝①，生天生地；在太极之先而不为高，在六极之下而不为深，先天地生而不为久，长于上古而不为老。（《庄子·大宗师》）

道如何可能被我们知晓并表达？我们的智性是否足以把握它的特性？我们是否能够从逻辑上分析它，把它放在人类理性水平上来审视？庄子和其他道家思想家一样，是个神秘论者，他认为道是人类智性所不可企及的。当你希望向别人谈

---

① 庄子对于创世者（上帝），持一种漠不关心的不可知论态度。

论道的时候，便已经失去它了。心灵虽可以径直悟道，但当我们尝试阐述道，才发现在我们意识边界内，道已将自身隐匿。

《庄子·知北游》这样说道：

> 知（按：智）北游于玄水之上，登隐弅之丘，而适遭无为谓焉。知谓无为谓曰："予欲有问乎若：何思何虑则知道？何处何服则安道？何从何道则得道？"三问而无为谓不答也。非不答，不知答也。知不得问，反于白水之南，登狐阕之上，而睹狂屈焉。知以之言也，问乎狂屈。狂屈曰："唉！予知之，将语若。"中欲言而忘其所欲言。知不得问，反于帝宫，见黄帝而问焉。黄帝曰："无思无虑始知道，无处无服始安道，无从无道始得道。"知问黄帝曰："我与若知之，彼与彼不知也，其孰是邪？"黄帝曰："彼无为谓真是也，狂屈似之，我与汝终不近也。夫知者不言，言者不知，故圣人行不言之教。道不可

致,德不可至。仁可为也,义可亏也,礼相伪也。故曰:'失道而后德,失德而后仁,失仁而后义,失义而后礼。'礼者,道之华而乱之首也"。①

---

① 知向北游历来到玄水岸边,登上名叫隐弅的山丘,正巧在那里遇上了无为谓。知对无为谓说:"我想向你请教一些问题:怎样思索、怎样考虑才能懂得道?怎样居处、怎样行事才符合于道?依从什么、采用什么方法才能获得道?"问了好几次无为谓都不回答,不是不回答,而是不知道如何回答。知从无为谓那里得不到解答,便返回到白水的南岸,登上名叫狐阕的山丘,在那里见到了狂屈。知把先前的问话向狂屈提出请教,狂屈说:"唉,我知道怎样回答这些问题,我将告诉你,可是心中正想说话却又忘记了那些想说的话。"知从狂屈那里也没有得到解答,便转回到黄帝的住所,见到黄帝向他再问。黄帝说:"没有思索、没有考虑方才能够懂得道,没有安处、没有行动方才能够符合于道,没有依从、没有方法方才能够获得道。"知于是问黄帝:"我和你知道这些道理,无为谓和狂屈不知道这些道理,那么,谁是正确的呢?"黄帝说:"那无为谓是真正正确的,狂屈接近于正确;我和你则始终未能接近于道。知道的人不说,说的人不知道,所以圣人施行的是不用言传的教育。道不可能靠言传来获得,德不可能靠谈话来达到。没有偏爱是可以有所作为的,讲求道义是可以亏损残缺的,而礼仪的推行只是相互虚伪欺诈。所以说,'失去了道而后能获得德,失去了德而后能获得仁,失去了仁而后能获得义,失去了义而后能获得礼。礼,乃是道的伪饰、乱的祸首。'"

泛神论的神秘主义

当思辨达到这个层面时,便很自然进入了神秘主义。智性之分辨,以及理性的分析过程于是让位于对绝对存在的神秘冥思。人类心灵很吊诡的一点是,智性永远在追求对宇宙的确切定义,想要用最敞明的术语来描述它,不过诗性的想象力和宗教性的信仰,却坚持一种有似亲临现场的具体顿悟,因为面对的对象太不可捉摸,不可用任何现实的理解力来把握,却总是让人心神不定地呈现着它自身,我们用内心的一双眼总是能够看到它。智性有时候占据上风,于是我们便得到了一种明确的实证主义表达。但随着时日的流逝,正如思想史在所有地方所表明的那样,神秘主义倾向遂而在哲学中取得优势地位,而神秘主义无一例外都通向了泛神论。我们在关尹子那里,找到了道家哲学的这一高潮。

根据司马迁《史记·老子韩非列传》：

> 老子修道德，其学以自隐无名为务。居周久之，见周之衰，乃遂去。至关，关令尹喜曰："子将隐矣，强为我著书。"于是老子乃著书上下篇，言道德之意五千余言而去，莫知其所终。

《道德经》是应关尹子的请求而作，那么关尹子是见过老子的，因此他应该早于列子和庄子，但是系于关尹子名下的传世作品，很明显是后出的，虽然关尹子的某些语录也许散见于其中。严格来说，也许将《关尹子》与《庄子》《列子》一道并列为先秦文献，并不是太妥当，不过《关尹子》所包含的许多典型的道家思想，可以被视为传承庄子和列子而未断裂的线性发展。

在关尹子看来，道不可思议（"不可思即道"），也不可言说（"不可言即道"）。万物源自于道，但道自身并不落入可为可致可测可分的任何范畴,"故曰天曰命曰神曰元,合曰道"。"无一物非道",这唯一的道在所有可能的表达中声张着自身,在所有可能的存在中显现着自身。

> 一灼之火能烧万物,物亡而火何存;一息之道能冥万物,物亡而道何在。(《关尹子·一宇》)

道即万物,万物即道。在你自己身上找到道,万事万物乃至于天地间的最大秘密,也尽在你心。

因此,"人皆可曰天,人皆可曰神,人皆可致命通玄"(《关尹子·一宇》),当水滴并入汪洋,水滴和水滴之间再无区别,即"万水可合为一水"(《关尹子·四符》)。由此,"惟圣人能敛万有于一息","散一息于万有"。万物都可变化,可历经无休止的变化,唯有道是恒久不变的。这就好比水中之影来来往往,而水面却永远澄静。圣人居于此澄静之道,旁观万物之往复。

我们可以看到,《关尹子》里充斥了大乘佛

教思想，而到宋代，中国哲学大力借鉴大乘佛教，当时著名思想家几乎都有过出入佛家思想的经历。因此，最合理的解释应该是《关尹子》出自当时一位精通佛教的道家人士之手，特别是考虑到这一点：《汉书·艺文志》著录《关尹子》九篇，旧题周尹喜撰，但亡佚多年后的唐宋期间，《关尹子》才重见天日。（宋代林希逸曰："［刘向］校雠之时，已自错杂，及典午中原之祸，书又散亡。至江南而复出，所以多有伪书杂乎其间，如《关尹子》亦然，好处尽好，杂处尽杂。"）另外，《关尹子》书中有些术语是先秦时期没有的，明显后出，比如"流转""诵咒"等。

道家学说的一些特质让不少人持"道家西来说"，认为只有这样的假设才能回答为什么道家与印度哲学有许多相似之处这个问题。还有人甚至认为黄帝和老子等道家人物都是婆罗门出身。我不想涉足这类讨论，不过佛道两家确实有一些观点惊人地相似，而来中国传教的第一代僧人译佛经时，也曾从道家借来许多词汇术语，这叫作格义。

佛教在中国扎下根之后，中国人就开始尝试将佛道拼合为一个宗教哲学体系，而今天中国最普及的宗教可以说就是佛道某种程度上的合一，佛家提供了多神论倾向和因果学说，道家则为之注入真人成仙之说。《关尹子》堪称将老庄的泛神论神秘主义倾向与印度的唯理论相融合的一种早期尝试，所以从这方面看，《关尹子》是非常有意义的。

在《关尹子》的如下引文中，读者可以看到，不同于早期道家，它在佛教精神中自由地呼吸着。

> 惟精，在天为寒，在地为水，在人为精。神，在天为热，在地为火，在人为神。魄，在天为燥，在地为金，在人为魄。魂，在天为风，在地为木，在人为魂。惟以我之精，合天地万物之精，譬如万水可合为一水。以我之神，合天地万物之神，譬如万火可合为

一火。以我之魄,合天地万物之魄,譬如金之为物,可合异金而镕之为一金。以我之魂,合天地万物之魂,譬如木之为物,可接异木而生之为一木。则天地万物,皆吾精吾神吾魄吾魂,何者死,何者生?(《关尹子·四符》)

圣人以知心一,物一,道一。三者又合为一。不以一格不一,不以不一害一。(《关尹子·一宇》)

寒暑温凉之变,如瓦石之类,置之火即热,置之水即寒,呵之即温,吹之即凉。特因外物有去有来,而彼瓦石实无去来。譬如水中之影,有去有来。所谓水者,实无去来。(《关尹子·二柱》)

万物变迁,虽互隐见,气一而已,惟圣人知一而不化。爪之生,发之长,荣卫之行,无顷刻止。众人皆见之于著,不能见之于微,贤人见之于微,而不能任化。圣人任化,所

以无化。(《关尹子·七釜》)

譬如大海，变化亿万蛟鱼，水一而已。我之与物，蓊然蔚然，在大化中，性一而已。知夫性一者，无人无我无死无生。天下之理，是或化为非，非或化为是，恩或化为仇，仇或化为恩，是以圣人居常虑变。(《关尹子·七釜》)

第二章 伦理学

从先秦到现在,道德生活可以说是让中国思想家严肃对待且认为值得花心思的唯一哲学科目。即便在高度形而上学和神秘主义的道家那里——道家弟子往往期待过一种方外生活,以不死真身飞升仙界——情况也是如此。而儒家则不遗余力地要清除掉哲学问题的所有微妙推理,仅将其自身限定在带有国家、社会和道德属性的人类生活领域。如果说,希伯来人代表宗教,希腊人代表哲学,印度人代表神秘主义,那么实践道德可以认为是中国人最典型的特质。中国人发自内心地深信,宇宙天地都是道德原则的映现,大化流行中的每个存在都以自己方式给人类某种道德垂训。

不过,中国人并没有将世界构想为由一个人

格化的上帝所创，他高高在上，发号施令。中国人的天、天道或天命，相当于某种自然法，不具人格性，而是十分确然的律令。如果我们不遵守天命而承受相应后果，并不是因为忤逆了某一至高神，而仅仅是因为我们违背天命而已。中国人的天，纯然是道德化的，容不下任何背离之行为，但天这个概念似乎没有被灌注多少宗教含义。人是一种单纯的道德存在，而在道德和西方基督徒所理解的宗教之间并没有多少关联。翻遍《论语》全书，我们都找不到孔子及其门人对超自然或超验性的力量有过任何宗教向往。进入"无为"之至境，他们便已自足圆满，不需要有外在的任何东西来打扰他们的平静内心。中国人是彻底道德化的，是彻彻底底的凡夫，也是彻底入世的俗子。

由此，中国人在伦理学方面的著述极为丰富。几乎每个重要思想家或哲学家都涉足此领域，对于如何度过一生，阐发过自己的观点。伦理学这一领域不像哲学领域那样为道儒两家所垄断。在这里，至少还有一位足够卓荦的原创思想家，其名可与孔老并肩，虽然他的思想只传了几代就绝迹于世。我指的就是墨子的兼爱思想。毫无疑问，如果后世学者对墨学有足够的支持和阐发的话，墨学一定会发展成一套成果斐然的理论体系。

儒　家

首先，让我们从儒家伦理学开始吧。

无论其他学派对中国的文化、思维模式和社会生活施加了多大影响，儒家的地位始终不可撼动，特别是在文人士大夫阶层那里。孔子在中国人心目中的地位有如国师，其原因在于他的日常伦理学以人性为基础，剥去了神秘主义或超自然的外衣。作为一个老成持重的民族，中国人对孔子的偏爱超过任何其他哲学家。

儒家受到倚重的另外一个原因在于，它是一套为士大夫阶层而设的道德体系。对中国历史有所涉猎者都会明白,受过良好教育的中国人,平生最大的目标便是晋身仕途。求知并不一定为了道问学或尊德性,而是为了政务生活;不是为学术而学术,而是为了牧民之用。因此,儒家为他们提供的不仅是一套伦理学体系,也是一套实用的政治指导。政治学和伦理学在中国人那里几乎是一物两体。孔子生前曾不知疲惫地将他的学说付诸实践,但眼看自己的学说不见用于当世,便退回私人生活,开始著书立说,收门徒三千。孔子死后,门徒们将孔子学说在实用中发扬光大,而非仅仅传承其渊识之学问。从这个意义上看,孔子更像是一位政治改革家,而非道德领袖,儒家就这样成为统御中国上下数千年的道德和政治学说,特别是在士大夫阶层更是一枝独秀。

要理解儒家思想,我们就必须从孔子的人性论开始。人性论堪称整个孔子学说的一块基石,至少几位重要的孔门传人是这样认为的。

仁

中国思想家通常持以下观点：人与自然不是出于偶然，其存在并非机缘凑泊，天地间有大道存焉，引导着人类行动和自然现象。在关于道存在与否这个问题上，思想家们并无分歧。他们聚讼纷纭的是道体与道性：道究竟是形而上的还是仅仅道德性的，它是先验的还是实证的？道家认为道是形而上的、先验的，儒家则认为它是道德性的、实证的。在孔子看来，道也即仁，在这一基础上，建立起来了他的伦理学。

中文的"仁"，很难找到英文中的对应词。宽泛地说，它是同情心（sympathy），或者友爱（lovingkindness），情谊感（friendly feeling），或者更确切地说，是一种同志之感（feeling of fellowship）。

"仁"这个汉字，由"人"和"二"这两个偏旁构成，意味着每个人内心都有与生俱来的仁，当他与另一个人交往，两人关系形成永久纽带时，仁便被唤醒以至于完全绽放。孔子指出，仁是社会的基石，也是通向所有人类美德的桥梁。它是道，是每个社会成员必须走的道路和门径，

> 子曰："谁能出不由户？何莫由斯道也？"（《论语·雍也》）

没有人可以不遵循道而生活，正如《中庸》开篇所说"道也者，不可须臾离也；可离，非道也"。因此，仁即是道，道即是仁。

仁是一种金科玉律般的推理，比如"己所不欲，勿施于人"（《论语·颜渊》）。因为它就是人之为人的人道本身，孔子曰："夫仁者，己欲立而立人，己欲达而达人。"（《论语·雍也》）仁也是人心的一种基本利他主义本能，使人冲破狭隘的自私自利，通过对自我的否定，达到该利他本能的满足。儒家不认为人性生来鄙俗——即绝对的利己主义——并反复申言在每个人内心深处都有一股利他冲动，该利他冲动

不是修改过的利己主义,而确确实实是人性中所固有。

> 所以谓人皆有不忍人之心者,今人乍见孺子将入于井,皆有怵惕恻隐之心——非所以内交于孺子之父母也,非所以要誉于乡党朋友也,非恶其声而然也。(《孟子·公孙丑上》)

正如叔本华将同情心作为伦理学的基础,儒家则将仁作为人类社会这座大厦所由建立的基石。

所有美德都来源于仁。它们不过是仁这一基本情感在与意志、智力、欲望和冲动等结合时,产生的不同表现形式。人所处的环境不断变化,仁也演变出相应的情感以应对之,如忠、孝、勇、礼、义、信、智等(程颢《识别篇》就说:"仁者,浑然与物同体,义、礼、智、信皆仁也"[①])。怪不得

---

① 程颢(1032—1085),其思想精华体现在《尽性书》《识仁篇》中,其弟程颐亦为宋代新儒家之代表,二人合称"二程"。

孔子会说:"吾道一以贯之。"(《论语·里仁》)孔子这里所谓的"道"无外乎仁本身,这是大多数儒家思想家共同认可的。

在儒家思想主流看来,只有两种道德原则是可能的:一种是仁或利他主义,一种是利己主义(详参《孟子·滕文公上》)。如果我们的感情不向外抵达他人,就会聚焦于我们的自私动机。而当自私感如草疯长,其代价就是仁心的萎缩,社会也因此被撕裂,人道倾颓,人作为一种道德存在的存在理由(raison d'être)荡然无存,"仁义充塞,而至于率兽食人"。《孟子·尽心下》有言:"仁也者,人也。合而言之,道也。"

宋代大儒朱熹在《仁说》中指出:"仁者,心之德,爱之理。"[①] 如果比较一下儒道两家对于仁的不同定义,是很有意味的,《道德经》第三

[①] 朱熹(1130—1200),儒家经典的注疏大家,学承二程,留下大量作品,其中《四书章句集注》成为后世的儒家正统。对朱熹学说持异议的,在南宋当时有陆九渊(1140—1192),明代则有王阳明(1472—1529)。

十八章的"上仁为之而无以为也",韩非子在《解老篇》中如此解读:"仁者,谓其中心欣然爱人也。其喜人之有福而恶人之有祸也,生心之所不能已也,非求其报也。"①

不过要留意的是,孔子及孔门弟子不仅在普遍而最终的意义上,也还在具体运用场合的意义上使用"仁"。对他们而言,仁不仅是人与生俱来最根本的伦理感情,而且也是人伦日用中的特殊表现。每个阅读过《论语》的人都清楚地意识到,孔子将仁运用于多重维度,我们有时会困惑于如何抵达对仁的明确定义。不过,对于仁这一位于自家伦理学中心的概念,孔子本人似乎也并没有一个明晰的分析性把握。诚然,孔子充分意识到在所有德性背后有一个最终原则,即仁,他曾说过"吾道一以贯之"。但孔子既将仁作为最

---

① 韩非子(死于公元前233年),荀子门生,其主要的研究内容为法律。传世作品有五十五篇的《韩非子》,其中有多篇解读老子的文章,如《解老》《喻老》。他的伦理学立场既不是儒家的,也不是道家的。

终原则，又将仁指涉为具体实践，这无论如何都令人困惑。可以说，仁的这一含混不清贯穿于整部《论语》。

Y. Kaniye 博士在《孔子研究》中（第297页），给出了孔子对仁的五个维度的理解：（1）合宜（prosperity）；（2）好心（kindheartedness）；（3）慈善（charity）；（4）真诚（sincerity）和同情（sympathy）；（5）不自私（或自我控制）。不管是"三达德"，还是"五常"，都必须在具体情境中才能弄清仁的确切含义。①

问题来了：如何培养仁，并将它运用在日常生活中？这是实践性儒家思想之精髓，而儒家追随者正是致力于涵育仁。孔子承认自己未能臻于仁的至境（"若圣与仁，则吾岂敢？"），那么其三千门生很自然也不敢称仁。不过在临近生命结束时，孔子说自己"七十而从心所欲，不逾矩"（《论语·为

---

① 三达德为智、仁、勇（"智、仁、勇三者，天下之达德也"，见于《中庸》）；五常为仁义礼智信。

政》)。可以说,孔子在年逾古稀时实现了生物冲动与道德原则之间的完美平衡,他已经是仁本身。各种情境下,孔子都能心下便悟什么行为是当时最恰当的,而不必经过任何顾虑、犹豫与算计。他已经不再受到不当思绪与冲动的侵扰。当一个人到达了这样的境界,他便已成圣人。对于中国人而言,孔子无愧于圣人称号。他进退皆发自天性,如孩童般自由天真,而所作所为从不偏离中道。

敬

现在,让我们提出这样一个问题:通过什么途径,才能达到这一道德完善的顶点?

在孔子看来,敬或恭正如一条道路,最终通向人性的至善,通向仁的完全实现。它是一个道德人面向本己存在的一种整肃态度。从词源学上看,恭由心和众手构成,众手意味着"一起""合力",因此恭是一种造就整肃举止的心灵状态。敬意味着自制、自重和端庄。恭与敬通常一起使用,以使字义相互衬托而更清晰。不过单独地看，恭更是一种外在容止，而敬则是一种内在感情。当我们细心地培育和纯化内在感情，小心留意外在容止，自我中心的冲动便逐渐压制住，利他心相应得到加强，直到最后二者完全水乳交融。

在儒家那里，并没有一个直接掌控人类灵魂的人格神。儒家在道德生活中并不诉诸任何外在对象。他们把所有的精神力量都集中于自我内在，以求让那些生来俱备的道德种子开花结果。他们戒慎恐惧，时刻警惕恶（不当的想法与冲动）的侵袭。他们夕惕若厉，防止任何不仁的潜伏与暗长。他们的行住坐卧都极为恭敬，以免任何邪恶、自私的冲动偷偷从内心中溜出来。

弟子仲弓问如何践仁，孔子说"出门如见大宾，使民如承大祭。己所不欲，勿施于人。在邦无怨，在家无怨"（《论语·颜渊》）。这就相当于说：让自己始终保持一种恭敬的心情，不要让突如其来又不妥当的个人私情控制自己。他最爱的弟子颜渊问仁，孔子答以"克己复礼为仁"。颜

渊问具体细目,孔子曰:"非礼勿视,非礼勿听,非礼勿言,非礼勿动。"(《论语·颜渊》)

由此看来,儒家的养仁之法便是给予所有冲动以必要的心理时间,这样当第一阵冲动风暴平息后,心灵可以为它的再次来袭做好调适与准备。这一练习反复进行,全心全意地一遍遍演习,到最后,顽固的自然冲动能消弭在精审的道德判断中,任何不当的情绪和想法都烟消云散,"我欲仁斯仁至矣",仁的一切都得以充分发展。

诚

一个人苟志于仁,很明显第一步就是要在独处时警惕,也就是说要对自己诚实,不能有一丝虚伪,要勇于直面内心的真实感受。故而我们在《大学》[①]第七章中可以读到这样一段话:

[①] 《大学》篇出自《礼记》。南宋时期朱熹将他心目中四部最重要的儒家经典《论语》《孟子》《大学》《中庸》列为"四书"。朱熹之前,在儒学系统中并无"四书"之提法。

所谓诚其意者，毋自欺也。如恶恶臭，如好好色，此之谓自谦。故君子必慎其独也。① 小人闲居为不善，无所不至，见君子而后厌然，掩其不善，而著其善。人之视己，如见其肺肝然，则何益矣。此谓诚于中，形于外，故君子必慎其独也。

---

① 很有意思的是，18世纪瑞典哲学家兼神秘学家伊曼纽·史威登堡（Emanuel Swedenborg）在谈论死后世界时这样说："在属灵的世界，人不允许想的、要的是一套，说的、做的却是另一套。在那里的每个人都是他挚爱的那个样子，他必须诚于内，而发乎外。"（*Haven and Hell*，第498节）在凡尘世界，绝大多数人都免不了虚伪，他们将自己最深挚的感情隐藏起来，而不知其真实本性。在独处时，没有必要伪装自己，也许能看清自己的内心。史威登堡说，我们内心最真挚的激情实际上是很难被知晓的。因此，儒家教导我们在没有旁人在场之时，正是内在自我展露本真之际，尤其要时刻监督自己的内心，找到它的真正本性——也即人自身，正如伊曼纽·史威登堡所言："每个人都是他自己的挚爱。"（*Heaven and Hell*，第58节）

在《中庸》① 里也有：

> 道也者，不可须臾离也；可离，非道也。是故君子戒慎乎其所不睹，恐惧乎其所不闻。莫见乎隐，莫显乎微。故君子慎其独也。

独自一人时，不当的想法和冲动是最容易滋长出来的。因此无人在场的时候，尤其要戒慎恐惧，密切观察自身。这是对自己诚实、摒弃所有不仁想法的极有效方法，正如《中庸》所言：

> 诚者，天之道也。诚之者，人之道也。诚者，不勉而中，不思而得，从容中道，圣人也。诚之者，择善而固执之者也。

就这样，仁很自然地便与心之诚相等同，而如何做到诚也成为后世儒家一个长盛不衰的话题。

---

① 《中庸》为"四书"的另一种，传统认为作者为子思，他是孔子的孙子、孟子的老师。

从儒家的仁发展出一整套"诚"的学说，是水到渠成的事：承认人有利他的冲动，同时承认这一冲动通过系统的训练，可以成熟为一种恒久而居于统治中心地位的道德情感，而此训练便包含了对自己道德人格的一种习惯性的虔敬态度。实践性的儒学，其路径便自然而然走向如下学说：人在独处时，当一切外在力量隐退时，更应该时时体察本心，与自得、傲慢抗争。这一自我体察会逐渐培生出一种道德尊严感，而此种道德尊严感很自然地是与对诚的欲求联系在一起的。经由诚的功夫，人的道德价值将得到积极的肯定，利他情感则会充分发展到可以将自我限定在它合理的边界之内。

因此，《中庸》在某种意义上可以说系统地发展了关于诚的学说，或者换言之——"中庸之说"。《中庸》作者似乎有着胜过先师孔子的综合能力，他关于诚的学说是如此全面。我们在《中庸》里读到这样几段话：

自诚明，谓之性；自明诚，谓之教。诚则明矣；明则诚矣。（第二十一章）

唯天下至诚，为能尽其性。能尽其性，则能尽人之性。能尽人之性，则能尽物之性。能尽物之性，则可以赞天地之化育。可以赞天地之化育，则可以与天地参矣。（第二十二章）

诚者自成也，而道自道也。诚者，物之终始。不诚无物。是故君子诚之为贵。诚者，非自成己而已也。所以成物也。成己，仁也。成物，知也。性之德也，合外内之道也，故时措之宜也。（第二十五章）

故至诚无息。……天地之道，可一言而尽也。其为物不贰，则其生物不测。天地之道，博也、厚也、高也、明也、悠也、久也。（第二十六章）

根据上文，道被等同于诚，因为正是诚完成

了天地之化育，能尽万物之性。"不诚无物"，任何变化也无从谈起。诚是为天理，至诚永无间歇，它构成了人的本质。所有德性都根源于诚这一最根本的德性①，正因为诚是人的本质，因为它是人性本身。

在本节的结尾部分，我想指出，康德的道德箴言"应该这样行事，即可以使你的准则成为普遍的法则"，竟可以在中国先秦时代最具代表性的儒家作品《中庸》那里找到最初的跫音。天地万物那里有着周流六虚的普遍法则，当我们对之进行主观解释时，它们无非诚而已。人类作为道德的和理性的生命，必须遵从这些法则，必须对自己诚实，必须听从自己的内在理性或利他情感的指令，因为这些指令是来自于

---

① 《论语》里有这样一段对话，子曰："予欲无言。"他最杰出的弟子之一子贡问道："子如不言，则小子何述焉？"孔子回答说："天何言哉？四时行焉，百物生焉，天何言哉？"在宇宙间，有着晦而不显但运行不忒的天理。在我们的内心找到它们，然后诚实地跟随它们的指示。这是一种儒家式的常识直觉主义。

天地之诚的普遍法则。

"是故君子动而世为天下道,行而世为天下法,言而世为天下则。远之,则有望;近之,则不厌。"为什么?因为"君子之道,本诸身,徵诸庶民。考诸三王而不缪,建诸天地而不悖。质诸鬼神而无疑。百世以俟圣人而不惑。"(《中庸·第二十九章》)

孟 子

先秦儒家的发展在孟子那里可以说到达了它的顶峰。孟子堪称孔子最具代表性的诠释者。实际上,如果不是孟子对儒家进行磅礴辩护,儒家在中国思想史随后的历史长河中也许不会有如此灿烂的发展。

在孟子身处的战国时期,涌现了许多原创思想家,各种学说百花齐放,儒家只是争鸣百家中的一家而已。① 如果没有像孟子这样卓荦的传人横空出世，儒家的故事一定会改写。正是孟子将孔子推上神坛，宣称"自有生民以来，未有孔子也"。孟子之于儒家，在某种意义上和庄子之于老子哲学相当，在许多方面，二人都典型地代表了各自先师的学说。②

　　孟子对儒家的贡献在于他的人性本善学说。人性本善可以说是仁与诚概念的自然后果。它设定每个人都天生拥有一种利他之本能（孔子所谓

---

① 我们在《孟子·滕文公下》中读到："圣王不作，诸侯放恣，处士横议，杨朱、墨翟之言盈天下。天下之言，不归杨，则归墨。杨氏为我，是无君也；墨氏兼爱，是无父也。无父无君，是禽兽也。公明仪曰：'庖有肥肉，厩有肥马，民有饥色，野有饿莩，此率兽而食人也。'杨墨之道不息，孔子之道不著，是邪说诬民，充塞仁义也。仁义充塞，则率兽食人，人将相食。吾为此惧，闲先圣之道，距杨墨，放淫辞，邪说者不得作。"

② 当我们阅读《孟子》与《庄子》，二人个性之轮廓便渐渐清晰。孟子面容威严，言辞从容，行动堂皇正大。而庄子则与之对比鲜明，他在每个方面都是如此自由自在，其言洸洋自恣以适己。这两位天才个性相反，但都拥有惊人的论辩天赋，他们生活在同一时代，同一片土地上，却从未谋面！

仁），通过敬与诚的修养功夫将所有自甘堕落、自我中心的冲动与欲望制服，从而使此利他本能得到进一步发展乃至于彻底发扬；再进一步设定，星辰运行和四季周流，乃至于万物的生长变化都仰仗于此一诚（《中庸》里有彻上彻下的阐述）；最后设定将万物聚合在一起使之和谐无间的自然法则和道德法则都端赖于天地之诚。

那么，我们的问题很自然地就变成"什么是诚？"

孟子身为一位实践的道德主义者，他并不是从形而上学的立场上来思考这个问题。孟子没有设想有一个宇宙心灵存在于天地之中，引导万物至诚地遵从其本性之善。他是这样思考的：既然诚使得自然界和人类社会秩序井然，那么诚就可以说与善（goodness）与和（harmony）同义。人在本质上是诚的显身，因此人性必然本善。否则，善如何能从人心中生发出来呢？诚于自己本性又如何能被视为道德至高点呢？人性本善，因为人不可能无中生有地去发展善

端。《孟子·离娄上》说:

> 诚身有道:不明乎善,不诚其身矣。是故诚者,天之道也;思诚者,人之道也。至诚而不动者,未之有也;不诚,未有能动者也。

孟子认为人性本善,正如流水必然就下,沛然谁能御之,或者杞柳条生来柔韧。

> 告子①曰:"性犹湍水也,决诸东方则东流,决诸西方则西流。人性之无分于善不善也,犹水之无分于东西也。"孟子曰:"水信无分于东西。无分于上下乎?人性之善也,犹水之就下也。人无有不善,水无有不下。今夫水,搏而跃之,可使过颡;激而行之,可使在山。是岂水之性哉?其势则然也。人

---

① 告子应该是与孟子同时的一位哲学家。他没有留下自己的作品,但在人性话题上与孟子进行过交锋。

之可使为不善，其性亦犹是也。"(《孟子·告子上》)

在同一章的稍后部分，孟子给出了善的具体内容：

> 乃若其情，则可以为善矣，乃所谓善也。若夫为不善，非才之罪也。恻隐之心，人皆有之；羞恶之心，人皆有之；恭敬之心，人皆有之；是非之心，人皆有之。恻隐之心，仁也；羞恶之心，义也；恭敬之心，礼也；是非之心，智也。仁义礼智，非由外铄我也，我固有之也，弗思耳矣。

《公孙丑上》进一步说：

> 由是观之，无恻隐之心，非人也；无羞恶之心，非人也；无辞让之心，非人也；无是非之心，非人也。恻隐之心，仁之端也；

羞恶之心,义之端也;辞让之心,礼之端也;是非之心,智之端也。人之有是四端也,犹其有四体也。有是四端而自谓不能者,自贼者也。

在构成善的仁、义、礼、智里,孟子似乎认为仁与义是更为根本的,因为《告子上》中说:

仁,人心也;义,人路也。舍其路而弗由,放其心而不知求,哀哉!

在《尽心上》中,王子垫问"士何事",孟子答以"尚其志";再被问"何谓尚志",孟子说:

仁义而已矣。杀一无罪,非仁也;非其有而取之,非义也。居恶在?仁是也;路恶在?义是也。居仁由义,大人之事备矣。

而在《尽心下》中，孟子再一次强调：

> 人皆有所不忍，达之于其所忍，仁也；人皆有所不为，达之于其所为，义也。

由此可以看出，孟子的两种根本道德情感——仁与义，是孔子之仁的两大分化，或者说两大面相。孟子之仁是孔子之仁的感情或审美面，而他的义则是孔子之仁的意志或伦理面。仁是爱，是恩慈，是一种主观感情；义则是责任，是道德"应然"，是一种对他人的客观思量。仁是利他感情的扩展，而义是自我主义的收束，从而二者相辅相成。就像《告子上》中说的，"仁，人心也"，是人找到自我的居所，"义，人路也"，是所有人都应选择的那条路；也像《尽心下》所说，仁是不要意欲其不该意欲的，义是不要做不该去做的。

就这样，孔子那浑沦的仁通过孟子得到了分析性的阐发后，孔门学说基本成为我们现在所看到的儒家模样。也等于说，儒家伦理学开始于仁的学说，仁内在于每个人，是能与他人交往并发展出社会团结之意识的每个社会动物天生具备的。这一根本的道德感情，虽然在人心中只是一丝萌芽，但每个人无论独处还是与别人相接时，能通过时时敏觉的修养功夫，扩而充之以至于大成。对心的时时敏觉必须开始于对敬畏感——对身为道德存在的自我人格之敬畏感——的涵育。如果一个人对自己的伦理身份毫无敬意，他一定会沉沦到低等动物水平。换句话说，这一自我敬畏意味着诚实于自己的本心，它即为善，也超越了自我主义的利益。

如果人性不为善，那么诚实于自我意味着肆无忌惮的自私，那时神圣的道德法则将不复存在，剩下的只有赤裸裸的动物性。有人也许会为此欢呼："如果我是魔鬼之子，那我将照魔鬼的生活方式来生活。"这种所谓的诚无疑是与以仁为中心的儒家精神相冲突的，孟子一再强调"人性本善"。这是儒家伦理学发展中的题中应有之义。而孟子没有驻步于此，他为人的道德存在加入了其他内容,他加入了义,又加入了礼与智。他让仁义礼智成为人所拥有的最基本的四种德性,人的任务在于将人心中的四端充之扩之,以成就自己的道德人格,并通过这一成就造福世间。

虽然儒家可以在某种意义上被称为中国的哲学与伦理学,但尤其在先秦时期,不乏对儒家学说构成强有力挑战的其他伦理学说。接下来让我们了解一下老子或曰道家的伦理学,它总是在各个方面与儒家针锋相对。

道家哲学

无 为

与儒家相比,道家无疑是更形而上学的,而在道德主义方面比较薄弱。道家的道德学说或可称为消极的自我中心主义,因为他们的主要行为原则在于在虚静中享受人生之充盈喜悦，免于所有尘世挂虑，将所有时间都用来冥思大自然绝对而永恒的一面，而非其变化无常、纷争四起的一面。他们不将自己的自我主义意志强加于其他人，在这个意义上看，道家并不自私。实际上，他们极为提倡"不争之德"——不是因为希望以此促进全人类的整体福祉，而是为了个人的自我保全与喜乐。假使人们将为所欲为当作人生信条，为了实现自己的个人意愿视旁人为无物，最终只会自食其果，自我中心主义会转身将他们自身吞噬，因为自我中心主义是一种像回飞镖那样的道德反噬物。《老子·第七章》曰：

> 圣人后其身而身先，外其身而身存，非以其无私邪？故能成其私。

这里藏着道家伦理学的全部精髓。

我们说道家是消极的自我中心主义，千万不能理解成道家是受其物欲冲动控制的自我中心主义者。恰恰相反，他们是远离尘世的隐者，除了虚一而静，别无所求。他们不会为了别人的福祉，而牺牲至珍至贵的自我。他们在尘世间无欲无求，不追求任何转瞬即逝的虚妄荣华。不过，他们非常看重个人的长生久视，不是白日飞仙而是此生的长生久视。老子、庄子和列子在这方面都有清晰的论述。他们直觉般地领悟到，今生今世的这个生命是道（绝对存在）的当下呈现，因此没有必要追寻死后的永生。

然而，后期道家未能理解生与死的这一神秘之处，因此持有一种歪曲朽坏的长生观。有些道家传人甚至宣称他们找到了长生不死的方药，妄称这些方药是由老子发明并一代代传给门人的。道家渐渐陷入无可救药的大众迷信，可以说始于此迷障。

道家自我中心主义的基石便是无为。无为在英文中常常译为 non-action，不过在许多方面来看 non-assertion 更贴近其原意。无为不是束手而坐，无所事事。它的意思是，不干涉别人的生活，同时当自我根据大道的内在源泉而行住坐卧之时，也不干涉自我。

> 是以圣人处无为之事，行不言之教，万物作焉而不辞。生而不有，为而不恃，切成而弗居。(《道德经·第二章》)

> 为者败之，执者失之。是以圣人无为故无败，无执故无失。民之从事，常于几成而败之。慎终如始，则无败事。是以圣人欲不欲，不贵难得之货，学不学，复众人之所过，以辅万物之自然而不敢为。(《道德经·第六十四章》)

在《列子》中，讲述了到达道家哲学训练的目标——"无为"之境后的主观状态是怎样的，读者若彻底读懂《列子·黄帝》以下段落，也可以自行想象居于"无为"之境的"本地风光"：

> 列子师老商氏，友伯高子，进二子之道，

乘风而归。尹生闻之,从列子居,数月不省舍。因间请蕲其术者,十反而十不告。尹生怼而请辞,列子又不命。尹生退,数月,意不已,又往从之。列子曰:"汝何去来之频?"尹生曰:"曩章戴有请于子,子不我告,固有憾于子。今复脱然,是以又来。"列子曰:"曩吾以汝为达,今汝之鄙至此乎。姬!将告汝所学于夫子者矣。自吾之事夫子友若人也,三年之后,心不敢念是非,口不敢言利害,始得夫子一眄而已。五年之后,心庚念是非,口庚言利害,夫子始一解颜而笑。七年之后,从心之所念,庚无是非;从口之所言,庚无利害,夫子始一引吾并席而坐。九年之后,横心之所念,横口之所言,亦不知我之是非利害欤,亦不知彼之是非利害欤;亦不知夫子之为我师,若人之为我友:内外进矣。而后眼如耳,耳如鼻,鼻如口,无不同也。心凝形释,骨肉都融;不觉形之所倚,足之所履,随风东西,犹木叶干壳。

> 竟不知风乘我邪？我乘风乎？今女居先生之门，曾未浃时，而怼憾者再三。女之片体将气所不受，汝之一节将地所不载。履虚乘风，其可几乎？"（《列子·黄帝》）

以上是道家眼中的道德至境，这一主观状态脱离了所有人为限制与规训，与先验的大道合而为一——这就是无为之境。不过，这一无为学说很容易走向消极被动，它成为一种颇具"柔弱气质"的伦理学，讲求顺从、妥协，有时还有漠不关心。虽然在老子看来，柔弱、顺之、不争，这些德性本身并不是目标，而是为了实现自我保全和自我肯定的一种方式，无为以至于无不为。

> 用兵有言：吾不敢为主，而为客；不敢进寸，而退尺。（《道德经·第六十九章》）
>
> 人之生也柔弱，其死也坚强。草木之生也柔脆，其死也枯槁。故坚强者死之徒，柔弱者生之徒。是以兵强则不胜，木强则兵。

强大处下，柔弱处上。(《道德经·第七十六章》)

而在《道德经·第七十八章》中，老子更强调：

> 天下莫柔弱于水，而攻坚强者莫之能胜，以其无以易之。弱之胜强，柔之胜刚，天下莫不知，莫能行。

虽然对于被动消极的自我主义有如此这般的强调，但是老子的伦理学却丝毫不缺少像佛教或基督教中那样高贵的思想，相关例证几乎可信手拈来：

> 圣人无常心，以百姓心为心。善者，吾善之；不善者，吾亦善之，德善。信者，吾信之；不信者，吾亦信之，德信。(《道德经·第四十九章》)

> 报怨以德。(《道德经·第六十三章》)①
>
> 我有三宝,持而保之:一曰慈,二曰俭,三曰不敢为天下先。(《道德经·第六十七章》)

无政府主义

老子的消极伦理学,用积极主动的方式来解读,那就是让万物自行其是,不要由外强加干涉。物质有向地心坠落的内在趋势;人类有追随大道——大道就在心中——的内在欲求。因此,应让人发挥自己的天性,不要给他们戴上不必要的法令枷锁。受到外界束缚的事物,自然本性被戕害,老子因此说:

> 法令滋彰,盗贼多有。(《道德经·第五十七章》)

---

① 与《论语·宪问》中孔子的说法适成对比:"或曰:以德报怨,何如?子曰:何以报德?以直报怨,以德报德。"

《道德经》第十八章还有：

> 大道废，有仁义；智慧出，有大伪；六亲不和，有孝慈；国家昏乱，有忠臣。

庄子也持同样看法：

> 故绝圣弃知，大盗乃止；擿玉毁珠，小盗不起。（《庄子·胠箧》）

这些激烈言辞，带有强烈的无政府主义气息。事实上，把老子的伦理学推到极致，必然只剩下绝对的无政府主义，虽然不是一片混乱意义上的无政府主义。先秦时代的道家形而上学者无一例外都提倡不干涉。他们希望复归文明的原初阶段，小国寡民，无有法令的滋扰。每个人都享有无上的个人自由，而且没有以他人为代价地滥用此自由。然而，历史上并没有这样的远古黄金时代，恰恰相反，部落之间乃至部落内部的残酷生存之战才是常态。也许道家和其他许多思想流派一样，将史前时代的和平乐居视为理所当然。即便他们有时候从某一方面难免对此有所怀疑，但还是倾向于抛开这种怀疑，放任自己小国寡民的想象与愿景。这样一种无政府状态就此成为个人的最高理想，也成为社会生活的最高理想。

《庄子·应帝王》中的一则寓言，生动呈现了道家伦理学中无为的深义：

> 南海之帝为儵，北海之帝为忽，中央之帝为浑沌。儵与忽时相与遇于浑沌之地，浑沌待之甚善。儵与忽谋报浑沌之德，曰："人皆有七窍以视听食息，此独无有，尝试凿之。"日凿一窍，七日而浑沌死。

哀哉浑沌！如果儵与忽让浑沌停留在无别无分由此必然无为的浑沌之境——这也其存在的理由（raison d'être），浑沌必将乐享天年。南海之帝与北海之帝那不必要的——虽然是出于好意

——凿窍（干涉）最终断送了浑沌的性命。

不论道家是怎样一种避世伦理学，它毕竟是中国人的创造，故而从未失掉它的实用意涵。也就是说，它对于政治和治国总是兴致不减的。我们的读者也许会觉得，像道家这样的伦理学说是不会让自己受政治事务之累的，毕竟政治事务仅仅是世间人为智慧的产物，而人为之物是道家所深深鄙夷的。但是在中国古代，没有哪一哲学流派会放弃其理论的功用性，道家也一样。事实上，一个理论的价值要由既作为单独个体又作为社会成员的每个人在日常生活中对其效用检验的来决定。

道家理论的治国术，是其无为观念的径直运用，或可称为一种放任主义（laissez faire）政策。将人民所想要的自由赐予他们；使他们免于各种法令的包围；尽可能让他们各行其是；如果有必要，脱去因人为带来的机巧、华饰、邪智，使他们复归原始的拙朴状态。在老子看来，这一施政之策可以恢复结绳记事的远古时代所享有的那种和乐状态。人民满意于所拥有的一切，素朴而自然。当年华老去，他们便安然走向生命终点。"鸡犬之声相闻，民至老死不相往来。"这才是万物最和谐的状态，大道流行于其间，生生不息。（以上描述见《道德经·第八十章》）

在《列子·黄帝》的以下引文中，读者将领略到道家的理想境界：

[黄帝]昼寝而梦，游于华胥氏之国。华胥氏之国在弇州之西，台州之北，不知斯齐国几千万里；盖非舟车足力之所及，神游而已。其国无师长，自然而已。其民无嗜欲，自然而已。不知乐生，不知恶死，故无夭殇；不知亲己，不知疏物，故无爱憎；不知背逆，不知向顺，故无利害：都无所爱惜，都无所畏忌。入水不溺，入火不热。斫挞无伤痛，指摘无痒。乘空如履实，寝虚若处床。云雾不硋其视，雷霆不乱其听，美恶不滑其心，山谷不踬其步，神行而已。

在这里，读者可以感受到，孔子和老子的伦理学之间有如天壤。有些汉学家将这一差异归因于气候之别：前者代表了充满活力、勤勉不已、热爱秩序的北方人，而后者则是天马行空、冲动自由、经常无所事事的南方人。由于天寒地冻，生存环境严酷，北方人必须要同大自然辛苦抗争。在这种环境下，放任主义等于走向自我灭亡。但南方的环境迥异，对南方人来说，大自然并不是凶神恶煞、必须要被征服的敌人。恰恰相反，南方气温适宜，大自然是如此友好，人们不用付出多少劳力，便可以乐享大自然的馈赠。因此，无为是与大自然最好的相处方式。

　　在这个意义上，孔子可以说是北方哲学的代表，老子是南方哲学的代表。整部中国哲学史可谓这两大体系之间的竞争史，道家得到了佛教的襄助，并经常引入各种民间迷信，而儒家则越发扎根中华本位主义，更具中国本土性。

为己主义

先秦哲学史中,为己主义最喧哗的提倡者当属杨朱(又称杨子或阳子居)。他在当时似乎颇有声势,其学说对儒家构成强劲威胁,若不是出现一位不世出的孟子,杨朱给儒家带来的麻烦一时间恐怕难以收拾。杨朱的学说让我们看到老子的消极自我主义等而下之会退化成何等面目。准确地说,杨朱根本就不能算是哲学家。他是一位特立独行者,也许是对政治深深失望,由此受到自己自然悲观天性的错误引导。他的学说,并不是严肃思考后的产物,而仅仅是对人性失望之后的宣泄,毫无体系可言。

但是这样一种"异端邪说"得到世人的宽容——或者应该说大受欢迎——说明在当时,中国人的心灵是敞开的,多面相的,时刻准备聆听新观点。恐怕只有在先秦时代才能存在杨朱这样的思想家。杨朱要是晚生几百年，他的言说只有湮没在历史尘埃之中。

杨朱并无文字传世。也许他有所撰述，只是我们今天已经无从知晓。我们今天对他的生平和思想的了解基本都来自于《列子》《孟子》《庄子》《韩非子》。① 从这几部作品看，他大概与老子同时，但年齿略轻。杨朱似乎从老子那里求过学，这和孔子类似。在老子那里，杨朱的为己主义可以找到蛛丝马迹，二者的某些特质遥相呼应。不过在老子伦理学中，占主导性的是虚静的消

---

① 在《庄子·应帝王》中，有杨朱与老子的如下对话：阳子居见老聃曰："有人于此，向疾强梁，物彻疏明，学道不倦。如是者，可比明王乎？"老聃曰："是于圣人也，胥易技系，劳形怵心者也。且也虎豹之文来田，猿狙之便、执斄之狗来藉。如是者，可比明王乎？"阳子居蹴然曰："敢问明王之治。"老聃曰："明王之治，功盖天下而似不自己，化贷万物而民弗恃，有莫举名，使物自喜，立乎不测，而游于无有者也。"《韩非子·说林上》中讲了一个故事，"杨子过于宋东之逆旅，有妾二人，其恶者贵，美者贱。杨子问其故，逆旅之父答曰：'美者自美，吾不知其美也，恶者自恶，吾不知其恶也。'杨子谓弟子曰：'行贤而去自贤之心，焉往而不美。'"这个故事也收录于《列子·黄帝》。

极气质,而杨朱则对极端的自我主义有着积极的坚持。

杨朱有着类似于道家的禁欲气质,他没有教人沉溺于肉欲享乐,却常被误认为他所宣扬的接近于此。实际上,没有任何理由认为杨朱是一个放荡之人。他是一个隐士,对整个世界抱有深深的厌恶。杨朱也是一个讽刺大师。若能这样去看待杨朱,则他的学说并不像儒家所指责的那般粗鄙不堪。

杨朱自我主义的核心原则在于:在消极方面,躲避那些精心设计出来以压抑自然冲动的人造束缚;在积极方面,复归人的原初状态,释放情感,尽可能去感受人生。① 因此,杨朱将

---

① 卸去所有的人为或者外在束缚,复归内在生活的丰沛,这是典型的道家思想。《庄子·盗跖》以盗跖之口,将孔子所代表的正统思想好好贬损了一番:"今吾告子以人之情:目欲视色,耳欲听声,口欲察味,志气欲盈。人上寿百岁,中寿八十,下寿六十,除病瘦、死丧、忧患,其中开口而笑者,一月之中不过四五日而已矣。"

儒家的仁义之说贬为戕害人性之物。生命的目的不该是为了身后美名，而把自己套入儒家所强加的道德枷锁中；相反，生命的目的应该是让天性自由绽放。

人生苦短。这一短暂人生难道不是充满了各种忧虑挂怀？总长度不到百年的短暂人生，减去懵懂童年与老迈之年，人生已去一半。再减去睡眠时间，就只剩下四分之一。而这剩下的四分之一人生究竟掺杂了多少快乐喜悦呢？恐怕没多少，因为有太多不必要的事物在干扰着珍贵的生命。欲望在侵蚀我们的身体力量；社会传统在破坏我们的道德素朴性；偏见在阻碍我们的行动自由；法令法规在压制我们自然情感的表达。面对着不可忍受的重重阻碍，我们怎么可能轻松过完时日无多的人生。因此杨朱说，让我们丢掉外在而不必要的一切桎梏，尽情享受无拘无束的人生。太古之人充分意识到人生飞逝，所以不想虚度生命。他们听从自己素朴单纯的内心，除了保全自己的天性之外无欲无求；他们从不为尘网所羁，也不让受自于天的本性遭到人造之物的扭曲或戕害,对于政治机巧、个人野心、金钱欲望等人间一切卑下的汲汲营营,从不正眼视之。①

这一自弃式的冷漠超然与老子学说有共鸣之处。但杨朱并不只是一位离群索居的隐士,他有时候确实对刺激的感官享乐持首肯态度。他几乎无条件的自我主义不允许自己对身边的人或求助之人施以丁点关心。对于别人的事情,杨朱完全冷漠,他是彻彻底底的孤家寡人,从不与他人为

---

① 详见《列子·杨朱》:"百年,寿之大齐。得百年者,千无一焉。设有一者,孩抱以逮昏老,几居其半矣。夜眠之所弭,昼觉之所遗,又几居其半矣。痛疾哀苦,亡失忧惧,又几居其半矣。量十数年之中,逌然而自得,亡介焉之虑者,亦亡一时之中尔。则人之生也奚为哉?奚乐哉?为美厚尔,为声色尔。而美厚复不可常厌足,声色不可常玩闻。乃复为刑赏之所禁劝,名法之所进退;遑遑尔竞一时之虚誉,规死后之余荣;偊偊尔顺耳目之观听,惜身意之是非;徒失当年之至乐,不能自肆于一时。重囚累梏,何以异哉?太古之人,知生之暂来,知死之暂往;故从心而动,不违自然所好;当身之娱,非所去也,故不为名所劝。从性而游,不逆万物所好,死后之名,非所取也,故不为刑所及。名誉先后,年命多少,非所量也。"

伍。对于尧舜禹、周公和孔子这样行为世范的圣人，杨朱嗤之以鼻。在杨朱看来，他们只不过是为了身前身后名而荼毒天性的最恶劣代表。相反，他吹捧臭名昭著的桀纣，因为桀纣顺自然冲动而行。众人恶之，我则美之，又有何不可？桀纣亡国之君，尧舜禹三代明君，结果还不是一样都化为尘土。荣华一朝事，毁誉百年歇，斯人已无痛无觉。美名恶名，恍如水中浮沫。何不尽情享受生活所给予的一切呢！卫道士、伪君子、反自然的道德主义者、虚荣的名望追逐者，统统走开！

《列子·杨朱》中采用晏平仲与管夷吾对话时管夷吾的一段答复，说明了杨朱理想的生活观：

> 恣耳之所欲听，恣目之所欲视，恣鼻之所欲向，恣口之所欲言，恣体之所欲安，恣意之所欲行。夫耳之所欲闻者音声，而不得听，谓之阏聪；目之所欲见者美色，而不得视，谓之阏明；鼻之所欲向者椒兰，而不得嗅，

谓之阏颤；口之所欲道者是非，而不得言，谓之阏智；体之所欲安者美厚，而不得从，谓之阏适；意之所为者放逸，而不得行，谓之阏性。凡此诸阏，废虐之主。去废虐之主，熙熙然以俟死，一日、一月、一年、十年，吾所谓养。拘此废虐之主，录而不舍，戚戚然以至久生，百年、千年、万年，非吾所谓养。

从以上引文来看，杨朱似乎又是一个享乐主义者，在同一篇章的其他地方，杨朱形象则是契合典型的老子"无为"学说的，比如：

生民之不得休息，为四事故：一为寿，二为名，三为位，四为货。有此四者，畏鬼，畏人，畏威，畏刑，此谓之遁民也。可杀可活，制命在外。不逆命，何羡寿？不矜贵，何羡名？不要势，何羡位？不贪富，何羡货？此之谓顺民也。天下无对，制命在内。故语有之曰：人不婚宦，情欲失半；人不衣食，君臣道息。

总体来看，杨朱不是享乐主义者，而是素朴无矫饰的大自然之子。他痛恨各种过度的人造之物。他并不追求不合自然的感官刺激。当他腹中饥饿，粗茶淡饭就能让他满足。当他身上寒冷，粗布短衣即可御寒。他也是一个宿命论者，冷静地迎接自己的死亡。他无心于长生不老。在这些方面，可以说杨朱思想中浸淫着老子的精神。

杨朱的极端思想是焉非焉任后人评说，但毋庸置疑，杨朱在中国哲学中占据着非常独特的地位。在他当时以及去世后不久，杨朱学说似乎能让不少中国人怦然心动，正如我们在《孟子·滕文公下》中看到的：

> 圣王不作，诸侯放恣，处士横议，杨朱、墨翟之言盈天下。天下之言，不归杨，则归墨。杨氏为我，是无君也；墨氏兼爱，是无父也。无父无君，是禽兽也。

实用主义

几乎所有的中国伦理学说都或多或少带有一种实用主义倾向，而实用性是打开中国人心灵大门的钥匙之一。当然，中国心灵还有其他专属的道德特质，比如作为后来儒家之基石的孝；礼也在中国人的生活中占据了重要地位；最后，中国人事事都表现出强烈的保守主义精神，这一保守主义精神也很自然地使中国人成为和平爱好者。所有这些特质都在中国人的哲学体系中发生作用，故而也使得他们的实用主义倾向在某种程度上有所调整。若非儒家成功将所有这些突出特质和谐地聚合在一起，儒家在后世也许会像其他许多学说一样湮没不闻，也不可能在创立后始终占据如此显赫的位置。

而本节所要讲述的学说，则除了保留实用主义之外，将上述特质全都忽略了。它过于强调实用性，这必然导致对所有其他因素的一笔抹杀。这一学说是一种极端的利他主义，与杨朱的极端为己主义适成对比。① 但是平心而论，它的基本原则是单纯的实用主义，与此同时也包含一些与基督教类似的概念。假如该学说在更为理想主义、更具想象力以及——最重要的——更具宗教性的民族那里传播，它或许可以发育成类似于基督教一样的理论体系。

该学说的创始人叫墨翟，后人尊称他为墨子。他的国籍和确切所处时代不详，不过应该是比孔子稍晚，当墨子活跃之时，孔子的直系门人都已经过世。墨子的家乡似乎在南方，而非北方，像所有国中饱学之士一样，他也曾担任过官职。由于后世的散佚，通行本《墨子》仅存五十三篇。这五十三篇似乎都是墨子去世后由其门徒编撰。

---

① 《孟子·尽心上》："杨子取为我，拔一毛而利天下，不为也。墨子兼爱，摩顶放踵利天下，为之。子莫执中，执中为近之，执中无权，犹执一也。所恶执一者，为其贼道也，举一而废百也。"

各篇脱漏错乱之处甚多,甚至往往不堪卒读,其文义已然不可考。《墨子》文本残缺,其部分原因在于该书一直遭后世忽视,直到清代这一情况才有所改变,学者们重新发现墨子这位几乎被遗忘了两千年的思想家,以新的视角与方法去研究它。如果墨子没有被忽视那么久,想必能流传下来相较如今编校水平极低、多处不可索解的通行本《墨子》更齐全的版本。不少学者花费心力校读《墨子》,可惜收效甚微。《墨子》文义通顺的部分却在许多方面体现出了其作者清晰的逻辑性——这在中国哲学家中是极不寻常的。

墨子的理想是普天下的和平与繁荣。我们可以看出这位中国古代哲学家的这些观点有多么现代。他宣称,圣人之务在于平天下之乱,兴天下之利,除去天下之害。然"乱何自起"?墨子回答为"起不相爱":

> 天下之人皆不相爱,强必执弱,富必侮贫,贵必敖贱,诈必欺愚。凡天下祸篡怨恨,

其所以起者，以不相爱生也，是以仁者非之。……天下之人皆相爱，强不执弱，众不劫寡，富不侮贫，贵不敖贱，诈不欺愚。凡天下祸篡怨恨，可使毋起者，以相爱生也，是以仁者誉之。(《墨子·兼爱中》)

兼爱、非攻原则如何自圆其说？墨子指出，判断某一学说是否成立，其标准有三（"言必有三表"），"有本之者，有原之者，有用之者"：第一，"上本之于古者圣王之事"；第二，"下原察百姓耳目之实"；第三，"废以为刑政，观其中国家百姓人民之利"。(《墨子·非命上》)[1]

墨子顺着这一方向继续进行论证。上天"兼天下而爱之，撽遂万物以利之"，它创造出日月星辰，规定它们的运行轨迹，使四时春夏秋冬不

---

[1] 早期的中国哲学家中没有哪位能像墨子一样在论证中如此有意识地条理化。墨子依循自己提出的逻辑，小心谨慎地推进每一步论证。颇为可怪是，中国人的心灵拒绝聆听他对实用主义充满条理性的阐发，导致它中途夭折。

违物候，

> 雷降雪霜雨露，以长遂五谷麻丝，使民得而财利之；列为山川溪谷，播赋百事，以临司民之善否；为王公侯伯，使之赏贤而罚暴，贼金木鸟兽，从事乎五谷麻丝，以为民衣食之财。

所有这些难道不都是来自于上天的馈赠么？所有这些馈赠难道不是无差别地给予每个人么？由此可见，上天必然是爱与正义的来源，而在大地上的凡人，其责任便在于听从上天意志，躬行兼爱与非攻。

这难道不也是古代圣王所行之事与所传之学吗？

> 爱人者，人必从而爱之；利人者，人必从而利之；恶人者，人必从而恶之；害人者，人必从而害之。

日常经验也教给我们同样的事情。——是为兼相爱,交相利。如果我们将"兼相爱、交相利"推广为治国原则,必将出现君惠臣忠、父慈子孝、兄弟和睦的盛况。上行下效的力量是非常强大的,墨子举例:楚灵王喜欢大臣细腰,结果满朝文武大臣,皆辛苦节食,"比期年,朝有黧黑之色";越王句践好士之勇,越国的年轻人便皆尚武,不怕赴汤蹈火。设若君臣推行上天的"兼而爱之"精神,全国上下必将风行草偃,不敢有丝毫依违,普天下的兼爱非攻则指日可待。

不过墨子学说的真正要旨似乎更在于实用主义方面,而非其人道主义方面。这可以从他的经济观窥得端倪。造成墨子学说彻底失传的主要原因之一,在于儒家猛烈抨击墨子的经济观。《孟子·尽心下》:"今之与杨墨辩者,如追放豚,既入其苙,又从而招之。"在《孟子·滕文公下》中,则再将墨子比作禽兽。在抨击墨子时,荀子不像孟子那般声色俱厉、情绪激动。《荀子·解蔽》曰:"墨子蔽于用而不知文。……故由用谓之道，尽利矣。"《荀子·非十二子》中则有："不知壹天下建国家之权称，上功用，大俭约，而僈差等，曾不足以容辨异，县君臣；然而其持之有故，其言之成理，足以欺惑愚众：是墨翟宋钘也。"

墨子极为反对当时社会流行的厚葬久丧和奢靡礼乐等传统，还认为宫室、衣服、饮食、舟车、蓄私（纳妾）等方面都应该节制，因为这些都是食利阶层的非生产性消费，纯属对财富的浪费。要提升百姓的真正福祉，就不该鼓励奢靡与排场，而在于财富的生产。

蓄私习俗很自然地造成了"天下之男多寡无妻"，最终严重影响人口数量（"女多拘无夫，男女失时，故民少"）。所以饶有意味的是，我们看到墨子反对蓄私的唯一理由是出于功利的考量，而非道德上的考量。

基于同样的理由，墨子也反对儒家的情感主义（sentimentalism）。中国人对祖先始终怀有深切的敬畏之情，从不失掉一切慎终追远的公开机会。因此，中国人自然特别重视丧礼，无论贫贱，都不遗余力地大肆操办丧礼，以对逝者表达最深的哀思。我们从去过中国的旅行者那里得知，中国人现在办丧事时甚至还会出钱雇人哭丧。古代的中国人或许不会这么做，至少现有文献中找不到任何线索。但是，为父母服丧三年被古人视为至高的孝道。《论语·阳货》中，弟子宰我觉得三年之丧太久，想要改三年为一年，宰我的理由颇有力——

  君子三年不为礼，礼必坏；三年不为乐，乐必崩。

孔子基于感情而不同意他，但孔子的观点反倒显得有些牵强，不太有说服力：

  女安则为之！夫君子之居丧，食旨不甘，闻乐不乐，居处不安，故不为也。今女安，则为之！""予之不仁也！子生三年，然后免于父母之怀。夫三年之丧，天下之通丧也。予也，有三年之爱于其父母乎？

在三年守孝期，孝子过着与世隔绝的生活，辞去所有官职，不参与任何商业交易和公共或私人的节庆。他们像囚徒或修道士一样拘系在家，"缞绖垂涕，处倚庐，寝苫枕块，又相率强不食而为饥，薄衣而为寒"，全心全意怀念逝者。儒家对于服丧三年大体上持提倡的态度，而墨子却对之进行了猛烈批驳。（详见《墨子·节葬》）

墨子的反对意见整体而言是言之有据的。他指出，丧葬是一种非生产性的事务，在它上面浪费如此巨大的财富实在不可取：厚葬久丧有害于政事运行，也阻碍了工农商业的发展。办理丧事时，"棺椁必重，葬埋必厚，衣衾必多，文绣必繁，丘陇必巨"，如此对待一副冰冷的尸体，从实用性来考量的话，纯属多余。墨子是一位彻底的实用主义者，拒绝任何过度的情感流露。他愿意对情感留有一份敬意，但是他不能接受为了情感，而将私人乃至国家财富挥霍无度。

由此，无怪乎墨子也反对音乐，更强烈谴责战争。在墨子看来，音乐不能够给国家添加一丝一毫的财富，而战争则尤为可憎，因为它导致工商业停滞，"竭天下百姓之财用"，"百姓死者，不可胜数"，是彻底的不仁不义。可以这样说，任何东西，凡是有害于国家和平与生产的，都会遭到墨子无情的抨击。

当时流行的宿命论也难逃墨子的厉声谴责。在墨子看来，宿命论是对工农商业发展和社会繁荣的极大阻碍。如果百姓盲信所谓命运，他们就没有动力去工作、创造财富，也无心于维系天下和平。每个人只会消极被动，听任万事万物受到宿命的摆布。墨子在骨子里是一位勤勉生活的诚挚倡行者。在墨子身上，我们看到中国人心灵中的实用倾向如何被过分强调，而同时对礼仪的热爱又是如何被牺牲掉的。

最后，"天"的观念在墨子思想中是非常重

要的，它的英文词义是 heaven，但有时又在基督教意义上被译为 God（上帝）。基督教的上帝和墨子的天，二者的区别在于：在基督教中，上帝概念是最为首要的，对上帝的崇拜是宗教生活中最重要的内容，而墨子则将首要地位给予实用主义，只是因为在践行实用主义的时候，天（上帝）观念才成为一种必须。墨子的天的观念与兼爱学说之间的联系，与基督教思想是如此相似，这倒是非常值得我们去玩味的。我们将会在下一章讲述中国思想的宗教方面时进一步探讨这个有趣的巧合。

礼乐主义

完全可以想见，墨子的极端实用主义会遭遇到猛烈的攻击。对礼乐的热爱以及对祖先崇拜的强烈感情，导致中国人不可能追求哲学上的简化或者对实用主义做完全无条件的投降。荀子哲学可谓此中典范。荀子生于公元前 340 年，赵人，年五十始来游学于齐，曾三次出任齐国稷下学宫的祭酒，后因齐人之谗言，而适楚国，曾任兰陵令。荀子晚于孟子数十年，他留下了《荀子》三十二篇。比起前代的哲学天才孟子或庄子，荀子天资稍逊，但是他的推理论证方法在当时的哲学家中独出机杼，既合情合理又系统化。

后世儒家尤其是宋明理学家视荀子"别子为宗"，认为他不属于儒家正脉。这主要因为荀子持"人性本恶"，该观点与孟子形成严重对立。自唐代学者韩愈（768—824）《原道》一文以孟子代替荀子，提出所谓"尧、舜、禹、汤、文、武、周公、孔、孟"的道统说，荀子在世人眼中便失去了儒家正统的地位。但从学术观点看来，荀子在儒家发展中地位之崇高，不亚于高谈雄辩、才气闳肆的孟子。

从历史角度看，荀子强调了儒家的礼乐方面，而孟子则推进了儒家的仁义方面。《论语》中的孔子究竟更看重礼还是仁，有时颇让人困惑。孔子对礼仪有发自内心的崇敬，《论语·乡党》详细记载了孔子在不同场合的音容行止,将孔子刻画为礼之化身。据相关史书,孔子年轻时"适周,问礼于老子",因为周王室保存了各种周礼档案,而老子为"周守藏室之史",在当时似乎被公认为祭祀礼仪方面的权威。

孔子热心倡举礼乐,不仅在于礼乐的外在表达,也在于它对道德性格的涵育光大。法国近代思想家帕斯卡正是在这相同意义上要求每个教堂严格执行所有礼仪,因它有助于基督教性格的养成和虔诚心的培养。孔子哀叹当时四处可见的礼崩乐坏,一有机会就表达自己的不满。如果没有孟子这位不世出的天才人物进入孔门,强调伦理的主体性——即儒家学说的仁义方面,荀子这位礼乐的高举者无疑会成为儒家正统学派的代表。

荀子之所以不那么受欢迎,究其原因就在于他那激进的人性观。与孟子恰恰相反,荀子认为人性本恶,需要通过礼乐制度来予以纠正,而正是为了化性起伪,圣人才发明礼乐制度。

但是严格来说，人性本恶这一令人不喜的观点对荀子而言，并没有他的礼乐主义那般重要。荀子致力于为他的伦理学给出一个哲学基础，于是便抛出了人性本恶说，即人性需要后天纠正。荀子的目标在于引导百姓走向德性之途，为了实现这一点，礼乐成为了最好的工具。人性在理论上是本善还是本恶，若从实际上来考量的话，并无多少区别，最重要的在于遵循儒家的道德规范。荀子发觉人性不像孟子所言的那样，若人性本善，为什么还需要后天通过礼乐秩序和道德规训来加以纠正呢？

《荀子·礼论》篇首便说：

> 人生而有欲，欲而不得，则不能无求。求而无度量分界，则不能不争；争则乱，乱则穷。先王恶其乱也，故制礼义以分之，以养人之欲，给人之求。使欲必不穷于物，物必不屈于欲。两者相持而长，是礼之所起也。

由此看来，荀子很明显认定社会乃是一种人造制度。人生而好利，为了满足自己的私欲，不惜牺牲他人的利益，于是纷争四起。圣人发现这种混乱局面不该持续，人和人应该乐群和睦，因此必须对人永不餍足的私欲进行一定限制。圣人知道这一限制有违人的天性，是对自然冲动的约束，因此是一种"伪"（字面意思即人为）的创制，与人性本来之恶形成对峙。在荀子看来，圣人究其本源也只是化性起伪的典型而已。圣人与百姓之间的区别不在于天生的本性，而在于对原初的粗陋自我所施加的"文理隆盛"之创制。

由此便出现了荀子和其他儒家传人的道德实践体系的最突出差异。子思（孔子之孙）、曾子（孔门著名弟子）、孟子等儒家传人无一例外都更看重仁、敬等的内在价值，认为礼乐规范是内在情感的一种很自然的外在发展。由于荀子不认为人性本善，所以不可能倚重人的自我修养。用我们现在的话说，他强烈地认定外在环境在塑造人的性格和命运中起到了决定性作用。人类心灵不是一张白纸，等待着美德的引导，相反，它是一种非常粗陋的存在，需要最为精心的处理与最为系统化的再调教。把古之圣人所制礼义运用于这一朴初的材料，慢慢打磨它，才能得到一个化性起伪的和美自我。

《荀子·礼论》又说：

> 故曰：性者，本始材朴也；伪者，文理隆盛也。无性则伪之无所加，无伪则性不能自美。性伪合，然后圣人之名一，天下之功于是就也。故曰：天地合而万物生，阴阳接而变化起，性伪合而天下治。

通过化性起伪，饥馁者可以让老者先食，劳累者不怕艰难困苦，兄弟恺悌，老百姓甚至会对陌生人施以温情。所有这些为人称赞的高尚行为都不是本性的自然流露，必须在礼义的打磨淬炼下才能实现。

如果说其他儒家传人可以被归类为主体性的高举者，那么荀子无疑是强调了人的客体性。他不认为人的内心有不断充之扩之的善端，而认为应该从外部将善嫁接到人心。他不认为仁是人类的一种利他本能，而是希望通过人为手段来淡化自我中心主义。考虑到在社会的建立过程中，各种传统和人类的模仿本能起到了巨大的作用，因此不可否认，荀子关于道德训练的客体性方法虽然失之偏颇，但在美好道德人格的塑造上，很多时候是相当富有成效的。

宗教或传统所规定的礼仪、规范和法令，是古之圣人所感受到的内在情感的自然外显，然后百代传承之、圣化之。当百姓遵守这些礼仪、规范和法令，外铄于内心——而非由内向外推——便可以合逻辑地期待在百姓心中激发起与古之圣人类似的道德情感。人心就像多条弦，每条心弦都等着外来音符与之共鸣。如果这些心弦因根器有限而不足以自震，那么可以通过外界的一些手段对之施以帮助。以上就是礼乐主义的心理学解释。

也无怪乎后来的儒家思想家会在荀子那里发现异端的种子,因为荀子反对的是对大多数人而言至为珍贵的儒家唯心主义潜流。

荀子认为道德训练不能仅凭内省功夫,而是需要成年累月地致力于学习和实践。《荀子·劝学》中说:

> 吾尝终日而思矣,不如须臾之所学也。吾尝跂而望矣,不如登高之博见也。登高而招,臂非加长也,而见者远;顺风而呼,声非加疾也,而闻者彰。假舆马者,非利足也,而致千里;假舟楫者,非能水也,而绝江河。君子生非异也,善假于物也。
>
> 学恶乎始?恶乎终?曰:其数则始乎诵经,终乎读礼;其义则始乎为士,终乎为圣人。真积力久则入。学至乎没而后止也。①

---

① 《论语》中,孔子对此也有类似说法:"学而不思则罔,思而不学则殆。"

在对儒家经典的研习及其重要性的强调方面，荀子与其他儒家思想家无异。不过，礼乐之书在荀子眼中尤为重要。一般而言，哲学史通常有两大相反、相对的思想脉络，一为主观主义，一为客观主义。在中国思想史中，荀子代表了后者，极为强调礼制的意义。

荀墨二子的哲学处处针锋相对。与墨子相反，荀子极为重视音乐的功用。墨子仅从经济上无所产出来看待音乐，忽视音乐对情感起到的慰藉与提升作用。荀子则穷尽一切外在手段涵育人格，在他看来，音乐可以移风易俗，是最有效的修养身心之手段。《荀子·乐论》曰：

> 夫乐者，乐也，人情之所必不免也。故人不能无乐，乐则必发于声音，形于动静；而人之道，声音动静性术之变尽是矣。故人不能不乐，乐则不能无形，形而不为道，则不能无乱。先王恶其乱也，故制雅颂之声以

道之，使其声足以乐而不流，使其文足以辨而不諰，使其曲直繁省廉肉节奏，足以感动人之善心，使夫邪污之气无由得接焉。

在这方面，荀子所吐露的感情可以说带有典型的中国人特质。

为什么荀子不像孟子那般为后人所喜呢？如前所述，主要原因之一是荀子所持的独特人性观。在日常与人相接时，我们脑海里也许会出现自私的冲动与想法，但我们很难接受自己的本性是粗鄙的，善是出于人为的。本心存有无私之念，能行无私之事，对此我们持有最根本的信仰，虽然最开始是无意识的。日常经验也证明了对自我的这种信念——虽然最开始是主观建构的——挺立在某些不可辩驳的客观事实之上。中国人有着高度文明化的常识感，因此很自然地会排斥荀子的人性论，不过在其他观念上，荀子毫无疑问是中国特有情感的代言人。

后人对荀子持有偏见，另一个原因也许在于

荀子的书写风格。一种思想能否被广泛接受，并不总是由其真正的价值所决定，在许多情况下却是由其表达形式所决定。有时候甚至会出现某种过时思想因为新瓶装旧酒，穿上了新的外衣，而大受欢迎。荀子在这方面的天赋是远逊于孟子的。与孟子相比，荀子的推理过程不同寻常地更有力量，同时又简洁而富有逻辑性，但是荀子的书写风格却没有孟子那般天才恣肆有煽动性。① 就像我们今天看到的，荀孟这两位大哲的哲学前提和结论都存在不足，各执一隅，都不全面。但从修辞效果来看，后代读者难以抗拒孟子的魅力。所以也毫不奇怪，对中国人而言，虽然孔子在道德和宗教领域享有无上的权威，儒学大师荀子却遭到如此尴尬的待遇，就仿佛孔子所创的儒学圣殿中他未能真正登堂入室。

---

① 荀子对孟子推理方法有所批评，该批评在某种意义上看是正确的，他说："略法先王而不知其统，然而犹材剧志大，闻见杂博。案往旧造说，谓之五行，甚僻违而无类，幽隐而无说，闭约而无解。案饰其辞，而祇敬之。"（《荀子·非十二子》）

第三章 宗　教

五经中的上帝观

在本章里，我们要考察五经中，特别是《诗经》《尚书》中的上帝观念。《诗经》和《尚书》都凝聚着早期中国民间哲学的精华。至于为什么会将本章的讨论限定在五经范围内，乃是由于在这些文献中，更确切地说，也只有在这些文献中，能找到中国人对上帝的态度。包括儒家、道家等在内的哲学家们，似乎与上帝崇拜没有一丝关系。仅有的特例也许就只有墨子了，《墨子》一书中辟有专门章节论述这个话题。实际上，五经和诸子的哲学著作分别为"经史子集"的"经"与"子"，二者之间泾渭分明，前者在某种意义上是宗教的，而后者则是实用主义的、道德性的、理性的，或者有时是高度思辨的，比如道家作品。

中国最早的上帝观念或多或少是个人化的，天人关系在某种程度上既亲密又相互回应。当厄运袭来，个体必然向天呼告，抱怨天之不仁。不过，随着哲学心灵开始生长，天失掉了与下界苍生的感情化的宗教性联系，变得越来越非人格化，最后天变成了自然法则之总和。于是，天越来越在理性意义上被使用，几乎完全取代了有着浓厚人格色彩的帝（或上帝）一词。将上帝理解为居于上天的生命不是特别准确。虽然上帝不仅仅是一种道德力量，但也并非上天的人格化（像有些来自西方的传教士学者所认为的那样），上帝在最准确的词义上不是一个人。上帝拥有某些人格特性，所以可以称为"他"，而非"它"。不过毫无疑问，早期中国人绝不像犹太人构想耶和华那样来想象他们的上帝。严格地看，不能说上帝居住在昊天之上，天是上帝的物质表达或客观表达。而比喻地来看，天即是上帝，上帝即是天。

在上古时代，中国人头脑中构想出一种存在

或者一种力量，甚至某个人格，统御着地上的生灵。《尚书》《诗经》《易经》《礼记》等——特别是前两部典籍——用上帝、昊天、旻天等词来指代之。在下文中，我将尝试刻画早期中国人对待这一上帝的态度，以及系于上帝的种种特性。

一

首先，天是富有同情心的，这是它诸多特质中众所周知的一点，而旻天的旻意味着怜悯。早期中国人受苦受难之时，他们往往求上天保佑，将上天视作父母而引以为慰藉。

上古时，中国人仍然与蛮夷四邻艰苦作战，当三苗部落一再叛乱，作为君主的大禹试图利用三苗的宗教感情，并向上帝"负罪引慝"，以求感动天地。《尚书·大禹谟》中有：

> 三旬，苗民逆命。益赞于禹曰：惟德动

天，无远弗届。满招损，谦受益，时乃天道。帝①初于历山，往于田，日号泣于旻天，于父母，负罪引慝。祗载见瞽叟，夔夔斋栗，瞽亦允若。至诚感神②，矧兹有苗。

周厉王时，一位朝廷大臣忧谗忧谤，他不知道到何处伸冤，只能向上天号泣，因为上天像父母般仁慈，体恤着人间百姓。他写了一首诗，敬呈给上天：

悠悠昊天，曰父母且。无罪无辜，乱如此幠。昊天已威，予慎无罪。昊天泰幠，予

---

① 即舜帝，约在公元前 2255 年成为华夏统治者。
② "神"原写作"申"，意思是光明，该精神性存在后来被构想为掌管着天上闪电，示字旁就加了上去。示字从字形上看，像来自天上的光，意味着至高精神向下界生民的自我揭示。因此从字源学上看，神指代着至高精神，居于上天，向大地放送光明，揭示着它的存在。

慎无辜。(《诗经·巧言》)①

一位巷伯（掌管宫内之事的宦官）被谗言陷害，向苍天发泄满腔的怨愤：

> 骄人好好，劳人草草。苍天苍天，视彼骄人，矜此劳人。(《诗经·小雅·巷伯》)②

二

上天怜悯世人，所以会赐福给世人。早期中国人的心灵是非常朴素的。不论心里盛着怎样的悲伤或喜悦，他们和其他先民一样，将上天视为最后的避难所。

---

① 大意为：高高远远那苍天，如同人之父与母。我没有罪也没有过，竟遇大祸难免除。苍天已经大发威，但我确实没错处。苍天不察太疏忽，但我确实是无辜。
② 大意为：骄人得意很高兴，劳人辛苦常艰辛。苍天啊苍天，瞧瞧那骄横的人，哀怜那辛劳的人！

前有周太王、季历等祖先的开拓,文王在攻灭邘、密、黎等国后,三分天下已有其二,周人将此功绩归结为上天垂恩,以下面这样的诗句歌颂先王美德,感谢上天之眷顾:

> 皇矣上帝,临下有赫。监观四方,求民之莫。维此二国,其政不获。维彼四国,爰究爰度。上帝耆之,憎其式廓。乃眷西顾,此维与宅。(《诗经·大雅·皇矣》)

上天赐福的观念也出现在更早的商朝诗歌中。《诗经·商颂·烈祖》是为了称颂商朝的建立者——成汤。诗中首先颂扬了成汤得天之祜的一生,然后奉上祭祀之羹,祈求他的在天之灵保佑子孙:

> 嗟嗟烈祖!有秩斯祜。申锡无疆,及尔斯所。既载清酤,赉我思成。亦有和羹,既戒既平。鬷假无言,时靡有争。绥我眉寿,黄耇无疆。约軧错衡,八鸾鸧鸧。以假以享,我受命

溥将。自天降康，丰年穰穰。来假来飨，降福无疆。顾予烝尝，汤孙之将。①

周成王之时，召公想回到自己封地而不得，心中大不悦，周公作《君奭》，用周朝受命于天的事实，来劝勉召公"弗吊天降丧于殷，殷既坠厥命，我有周既受。我不敢知曰厥基永孚于休。若天棐忱，我亦不敢知曰其终出于不祥"（《尚书·周书·君奭》）。

三

上天不仅赐福给世人，若世人无视天所设立

---

① 大意为：赞叹伟大我先祖，大吉大利有洪福。永无休止赏赐厚，至今恩泽仍丰足。祭祖清酒杯中注，佑我事业得成功。再把肉羹调制好，五味平和最适中。众人祷告不出声，没有争执很庄重。赐我平安得长寿，长寿无终保安康。车衡车轴金革镶，銮铃八个鸣铿锵。来到宗庙祭祖上，我受天命自浩荡。平安康宁从天降，丰收之年满囷粮。先祖之灵请尚飨，赐我大福绵绵长。秋冬两祭都登场，成汤子孙永祭享。

的法令，也会遭到惩罚。《尚书》和《诗经》中有大量段落，受苦受难者向上天求援，有时甚至抱怨上天降灾给自己。这是很自然的事，如果没有苦痛灾难，人也许永远不会意识到有超出自己的力量存在。这里仅引用几个例子：

> 弁彼鸒斯，归飞提提。民莫不穀，我独于罹。何辜于天？我罪伊何？心之忧矣，云如之何？（《诗经·小雅·小弁》）

> 今商王受，弗敬上天，降灾下民。沉湎冒色，敢行暴虐，罪人以族，官人以世，惟宫室、台榭、陂池、侈服，以残害于尔万姓。焚炙忠良，刳剔孕妇。皇天震怒，命我文考，肃将天威，大勋未集。（《尚书·泰誓》）①

---

① 来自《尚书·泰誓》第一部分。武王伐纣前夜誓师，在盟津大会诸侯，是为《泰誓》。不过也有人视之为伪出。

四

由此,上天被视为对世人有着绝对的生杀予夺力量。它垂恩于有德之人,降罪于违逆天命之人。无人能抵挡或无视上天之震怒:

觱沸槛泉,维其深矣。心之忧矣,宁自今矣?不自我先,不自我后。藐藐昊天,无不克巩。无忝皇祖,式救尔后。(《诗经·大雅·瞻卬》)①

尔乃尚有尔土,尔用尚宁干止,尔克敬,天惟畀矜尔;尔不克敬,尔不啻不有尔土,予亦致天之罚于尔躬!(《尚书·多士》)

这一《多士》篇是周人推翻商朝之后,周公

---

① 本诗创作于周幽王时代,诗作者很显然相信若是下民根按天意而行事,全能的上天可以将他们的苦难变为幸福。

以王命诰，对殷商遗臣的训话。我们在其中可以留意到对前朝臣子的威胁口吻。这是因为周公自信周人推翻商朝的暴虐统治，是代天命而行事。这一天命观在整个中国历史中都一以贯之，在下文中，我们还会继续讨论。

五

罪人必遭天谴，因此世人必须敬畏上天，谨遵上天律令。《大雅·板》中，诗人哀叹君王治国无方，造成"下民卒瘅"，以此劝喻周厉王：

> 敬天之怒，无敢戏豫。敬天之渝，无敢驰驱。

这首《板》与另一首《荡》同以讽刺厉王著称后世，以至"板荡"成了形容政局混乱、社会动荡的专用词，其影响之大，可以想见。

类似地，周武王告诫封于卫地的其弟康叔：

小子封,恫瘝乃身,敬哉!天畏棐忱。(《尚书·康诰》)

六

上天不仅标志着神妙莫测的伟力,而且也是无上智慧与光明的所在。《诗经》里有这样的诗句:

昊天孔昭。(《大雅·抑》)①

明昭上帝,迄用康年。(《颂·臣工》)②

昊天曰明,及尔出王。昊天曰旦,及尔游衍。(《大雅·荡》)③

---

① 《毛诗序》曰:"《抑》,卫武公刺厉王,亦以自警也。"
② 传说这是周成王劝诫农官的农事诗。从诗的文本来看,确是周王的口气。
③ 《毛诗序》云:"《荡》,召穆公伤周室大坏也。厉王无道,天下荡然无纲纪文章,故作是诗也。"

七

上天全知全能,其律令必须得到遵守,而人不过是上天意志的工具而已。上天的意志一旦发布,便不会撤回,因为它是道德律令与行为规范的来源,即卫武公所谓"昊天不忒"(《大雅·抑》)①。明君会把这一不忒之天命铭记在心,从不违背自己的道德良心,因为道德良心就是上天意志的表达。早期的中国王朝,甚至某种程度上到近代王朝,都是神权国家。

我们在《尚书·太甲》中读到,成汤之孙太甲纵欲乱德,伊尹放太甲于桐宫。令其悔过自责,并作《太甲》三篇以劝诫伊尹:

先王顾諟天之明命,以承上下神祇。社

---

① 引自该诗最后一小节,完整内容为:"於乎小子,告尔旧止。听用我谋,庶无大悔。天方艰难,曰丧厥国。取譬不远,昊天不忒。回遹其德,俾民大棘。"

稷宗庙,罔不祗肃。天监厥德,用集大命,抚绥万方。

而武王崩后,成王即位,三监及淮夷叛乱,在发兵平乱之际,成王发布诰令:

> 予造天役,遗大投艰于朕身……予惟小子,不敢替上帝命……呜呼!天明畏,弼我丕丕基!(《尚书·大诰》)

八

人与人之间的道德关系在根本上是来自于上天之命。上天秉持公正,是道德的源泉。违背上天律令的凡人,最终难逃恢恢天网。周宣王时的重臣尹吉甫说:

> 天生烝民,有物有则。民之秉彝,好是懿德。(《诗经·大雅·烝民》)

这一道德起源论在《尚书·皋陶谟》中表达得更为明确,舜的大臣皋陶说:

> 天叙有典,敕我五典五惇哉!天秩有礼,自我五礼有庸哉!同寅协恭,和衷哉!天命有德,五服五章哉!天讨有罪,五刑五用哉!政事懋哉懋哉!……天聪明,自我民聪明。天明畏,自我民明威。达于上下,敬哉有土!

九

上天降下道德律令,同时还奖善罚恶,因为上天不仅是道德的来源,而且也是坚定不可动摇的执行者。故而百姓生活和乐与否,取决于他们自己的行为。如果下民遵守上天的律令,践德行善,会得到上天的恩宠;如果他们走上歧路,就一定会自食其果。此绝对律令,是人无所逃于天地之间的。

由此,我们在《尚书·伊训》中读到:

惟上帝不常,作善降之百祥,作不善降之百殃。尔惟德罔小,万邦惟庆;尔惟不德罔大,坠厥宗。

在《尚书·咸有一德》中,一代名臣伊尹表达了相同的观点:

非天私我有商,惟天佑于一德;非商求于下民,惟民归于一德。德惟一,动罔不吉;德二三,动罔不凶。惟吉凶不僭在人,惟天降灾祥在德。

一言以蔽之,

天道福善祸淫。(《尚书·汤诰》)

十

可以说上天在垂恩降灾时,并无私袒。顾命大臣伊尹向少主太甲进忠言道:

> 惟天无亲,克敬惟亲。民罔常怀,怀于有仁。鬼神无常享,享于克诚。天位艰哉!(《尚书·太甲》)

蔡叔辞世后,蔡仲继承诸侯位时,周公表达了类似的勖勉之意:

> 皇天无亲,惟德是辅。民心无常,惟惠之怀。(《尚书·蔡仲之命》)

十一

上天对下民并无偏私,而下民必须时刻警惕,以免上天恩典从手中滑落，遭遇灾殃。天命靡常，若下民不能做到始终"好是懿德"，它就开始变化"心意"。天恩是我们这些凡人最难以握紧在手的东西。由此可见，早期中国的道德学家永远在强调上天意志对下民而言的难可逆料性。伊尹对太甲的劝诫再三指向了这个观点。他好像不知疲惫地提醒年轻的太甲，千万不要懈怠于政务，更不要想当然地认为上天对其父辈的恩典绵泽久远。伊尹申诰于太甲曰：

> 呜呼！天难谌，命靡常。常厥德，保厥位。厥德匪常，九有以亡。（《尚书·咸有一德》）

在《诗经·大雅·大明》中，我们也能发现类似的天命靡常观点，这首祀周文王的乐歌中有如下段落：

> 明明在下，赫赫在上。天难忱斯，不易

> 维王。天位殷适，使不挟四方。……维此文王，小心翼翼。昭事上帝，聿怀多福。厥德不回，以受方国。……殷商之旅，其会如林。矢于牧野，维予侯兴。上帝临女，无贰尔心。

天与帝

从以上的这些分析看，很显然在早期中国人那里，就有了上帝的观念，上帝是至高无上的存在，他统御人间事务。与此同时，中国人的上帝与希伯来人的上帝有一个最根本的区别，那就是前者不似《旧约》中的上帝那样与人类有着亲密的关系。希伯来人以丰沛的想象力和宗教性而著称，中国人在这方面较为逊色，所以很自然地，作为道德律令来源的上帝，在中国人这里，虽然在某些方面颇具人格化，但总体来说不如犹太人的上帝那般人格化，那般与人密切互动。

即便在他们最为宗教化的典籍《尚书》中，

中国人似乎也从没有使自己的想象力脱离开道德常识的藩篱。这一点可以从《尚书·汤诰》的段落中看出来。这份诰书是商朝创立者成汤的一份自我辩护词，他所推翻的夏朝本来拥有天命，但"夏王灭德作威"，所以天欲"降灾于夏"，商克夏便是授命于天的行为。① 在这篇文字中，高扬着道德口吻，其中却毫无宗教狂热的成分：

> 王归自克夏，至于亳，诞告万方。王曰："嗟！尔万方有众，明听予一人诰。惟皇上帝，降衷于下民。若有恒性，克绥厥猷惟后。夏王灭德作威，以敷虐于尔万方百姓。尔万方百姓，罹其凶害，弗忍荼毒，并告无辜于上下神祇。天道福善祸淫，降灾于夏，以彰厥罪。肆台小子，将天命明威，不敢赦。敢用玄牡，敢昭告于上天神后，请罪有夏。聿求元圣，与之戮力，以与尔有众请命。上天

---

① 这一立场后来为孔子所赞成，在《易传》中有"汤武革命，顺乎天应乎人"的字句。

> 孚佑下民，罪人黜伏，天命弗僭，贲若草木，兆民允殖。俾予一人，辑宁尔邦家，兹朕未知获戾于上下，栗栗危惧，若将陨于深渊。凡我造邦，无从匪彝，无即慆淫，各守尔典，以承天休。尔有善，朕弗敢蔽；罪当朕躬，弗敢自赦，惟简在上帝之心。其尔万方有罪，在予一人；予一人有罪，无以尔万方。呜呼！尚克时忱，乃亦有终。"

中国人的上帝不是《旧约·诗篇》中的上帝，也不是约伯的上帝。他是安静的、审慎的，也是充满伦理色彩的，似乎不带感情地开展着自己的工作。他从不会在烈火或雷电中向世人显现自己，向他们发泄自己的怒火。中国人从来没有见过他们的上帝之惊鸿一瞥。他总是隐身于苍茫的昊天之上，不可能与世人有任何直接的个人接触。上帝的在场只能显现在他的力量之中——也就是说，通过各种异常的自然现象。当上帝震怒，他便降下各种灾异。

于是我们在《诗经·大雅·桑柔》中读到：

　　天降丧乱，灭我立王。降此蟊贼，稼穑卒痒。哀恫中国，具赘卒荒。靡有旅力，以念穹苍。

《诗经·大雅·云汉》中则有：

　　倬彼云汉，昭回于天。王曰：於乎！何辜今之人？天降丧乱，饥馑荐臻。靡神不举，靡爱斯牲。圭璧既卒，宁莫我听？……旱既大甚，则不可推。兢兢业业，如霆如雷。周余黎民，靡有孑遗。昊天上帝，则不我遗。胡不相畏？先祖于摧。

两首诗中都出现"天降丧乱"，世道浇漓时，上天会降下这些丧乱饥馑。苦难者的泣告已经足够虔诚，如果居九天之上的是希伯来人的耶和华，那他很可能会聆听这一切，然后与苦难者进行面对面的交流。但是中国人的昊天上帝却是远在天边，无迹可寻（虽然有时候被形容为明明昭昭），无声无臭，完全无反应。他看起来对于人间事物并不会立即关心，无论何时都不会像犹太人的上帝那样"发出奇妙的雷声"，"对雪说：'要降在地上'，对大雨和暴雨也是这样说"，或者"他封住各人的手，叫所造的万人都晓得他的作为。"（见《旧约·约伯记》）

除了身为决断杀伐的道德力量之外，中国人的上帝还是一位主政者，其首要目的便是要给人民带来福祉、和平与公正。上帝监观四方，若发现人间的代理人——"天子"已不孚众望，便会授意其他人取而代之。未来的新"天子"意识到自己的神圣使命，团结各种力量，起而反抗当局。他会历数暴君犯下的所有罪过，以此作为奉天承运的起兵理由。《尚书·泰誓》虽然被一些人视为伪出，但相当生动地刻画出了新朝天子伐商纣王时，对腐败前朝的态度。文中，周武王称：

> 肆予小子发，以尔友邦冢君，观政于商。惟受罔有悛心，乃夷居，弗事上帝神祇，遗厥先宗庙弗祀。牺牲粢盛，既于凶盗。乃曰："吾有民有命！"罔惩其侮。天佑下民，作之君，作之师，惟其克相上帝，宠绥四方。有罪无罪，予曷敢有越厥志？同力，度德；同德，度义。受有臣亿万，惟亿万心；予有臣三千，惟一心。商罪贯盈，天命诛之。予弗顺天，厥罪惟钧。予小子夙夜祗惧，受命文考，类于上帝，宜于冢土，以尔有众，底天之罚。天矜于民，民之所欲，天必从之。尔尚弼予一人，永清四海，时哉弗可失！

商纣王的满盈恶行，在《尚书·泰誓》中被一一列举，《诗经·大雅·皇矣》中则留下了上天如何训令怀有明德的文王，攻伐殷商的记载：

> 帝谓文王：予怀明德，不大声以色，不长夏以革。不识不知，顺帝之则。帝谓文王：

> 询尔仇方，同尔弟兄。以尔钩援，与尔临冲，以伐崇墉。

中国人不在道德权威和政治权威之间进行区分，有能力统治黎民的统治者必须是"怀明德"之人。因为九五之尊的位置，属于与上帝最近之人。在这个意义上说，中国人观念中的统治者可以被认为多少与柏拉图的"哲人王"类似。（柏拉图在《理想国》中，将城邦构想为一个伦理实体，由道德完善的哲人王进行统治。）

暴君当道时，新天子禀受天命起兵伐无道，以取而代之，而在上古的一般情况下，王位的传承则由禅位来完成：旧君退位时，在臣子中挑选最为贤德之人作为继承人。尧舜禹三代就是采取这种继承方式。《尚书·大禹谟》中，禹的大臣益颂扬了尧的美德：

> 都，帝德广运，乃圣乃神，乃武乃文。皇天眷命，奄有四海，为天下君。

因此每次政权更替，中国人都会自然认为是上天的旨意。殷商覆灭，是上天不欲殷商国祚延续，虽然成汤当初之讨夏桀、王天下，也是受于天命。周朝代商而立，是因为周朝天子有贤德，可以代天牧民。亡国的一方之所以亡国，正是因为它不再能够承担起上天所降之天职。国内出现种种灾异，内乱频起，正是来自上天的警告，如果在位君主未能意识到上天震怒，继续倒行逆施，上天最终的惩罚便是改朝换代。

周公在面对殷商遗臣时的如下言论，正是秉承了这样的精神：

> 尔殷遗多士，弗吊旻天，大降丧于殷，我有周佑命，将天明威，致王罚，敕殷命终于帝。肆尔多士！非我小国敢弋殷命。惟天不畀，允罔固乱，弼我，我其敢求位？惟帝不畀，惟我下民秉为，惟天明畏。（《尚书·多士》）

正如前文所言，中国人的上帝从不会在百姓面前以人格化的方式直接颁布其旨意，虽然下民会觉得与上帝足够亲密，上帝是他们最后的庇护所。上帝的喜怒只会通过饥荒、旱灾、疫病甚至地震等自然现象来进行非直接的表露，而在位君子也会对灾异现象特别重视，以求正确解读上帝的心意。上帝无言，以百姓之言为言。上帝的意愿便是给下民带来和平与仁义。若是在位的君主未能造福百姓，只顾满足自己的私欲，百姓困苦，民怨沸腾于下，各种灾异便出现，而贤者能从中捕捉到上天的不悦。

> 民之所欲，天必从之。……天视自我民视，天听自我民听。（《尚书·泰誓》）

> 天聪明，自我民聪明。天明畏，自我民明威。（《尚书·皋陶谟》）

上天和下民之间关系如此密切，一旦一方有

殃，另一方必定有感。当民怨沸腾、所有的改革机会都已经化为泡影之时，贤德之人会知道天命已改，于是起而反抗之。"人民的声音即上帝的声音"（Voxpopuli, voxdei）可以说是中国人的座右铭。中国的古代政权虽是专制形式，但其中却有一定的民主成分，这主要是人民意志神圣的观念所致。

不过，"人民的声音"并不是把握上天旨意的唯一方法。还有另一种方法存焉，这就是卜筮。而当民意与卜筮结果吻合时，贤者便知晓天意何为，于是不遗余力地遵天意而行。

据《尚书》记载，武王逝世，成王年幼，周公摄政，管叔、蔡叔、武庚联合淮夷反叛。王室用先王留下的大宝龟占卜，得吉，于是发布《大诰》，决计出兵平定叛乱。

舜在挑选王位继承者时，心里已有中意人选，即治水有功的大禹。大禹提出以占卜结果为定，曰："枚卜功臣，惟吉之从。"舜说："官占惟先蔽志，昆命于元龟。朕志先定，询谋佥同，鬼神其依，龟筮协从，卜不习吉"（《尚书·大禹谟》），认为只有在人的心里无法明确断定的时候才可以使用占卜之法，如果人心已经有明确的思考了，就不必滥用占卜。

从《尚书·洪范》，我们了解到元龟蓍草是如何决疑的。① 卜筮的哲学也就是《周易》的哲学，占卜的吉凶结果在《周易》的"经"中可以一一检索到。

由此可见，上帝是决定下民之命运的至高神力。他也是天地间的道德主宰，他的旨意是神圣而绝对的，可以通过民意或卜筮来了解。邀福于上帝的唯一办法是行仁义之道。上天从不亲私偏袒任何人。

---

① 用龟壳占卜叫作卜，用蓍草占卜叫作筮。龟壳放在火上烤，根据出现的裂纹而断吉凶。而占筮时，一共用四十九根蓍草，经过任意分为两部分，然后再组合，经过如此这般十八次演卦，最终得出结果。

在这方面，我们也可以看到中国人心灵那特殊的实用主义转向。中国人的上帝，和犹太人的耶和华一样，都是一神论的。但是正如我一再提出的，耶和华与凡人有密切的联系，中国人的上帝在这方面的事迹则阙如。中国人的上帝某种程度上是一个非人格化的道德原则，虽然他拥有某些人类般的情感，比如以饥荒灾异等表露出来的震怒。然而不管如何，中国人的上帝身上是没有任何诗性或神秘想象元素的。他既不会在下界某个神圣地点，也不会以人类可感知的物质形式现出其真身。没有哪位圣人曾经听到过他的"微声"（still small voice）。这里没有摩西，没有亚伯拉罕，也没有亚伦（摩西之兄），只有尧、舜、禹、伊尹、成汤、周公和孔子，他们都是"干巴"实用主义的，也是高度伦理的。关于"神的显现"（theophany），中国古人闻所未闻。简而言之，中国人的想象力有限，他们想象不出先知有什么用。诚然，上帝的声音可以被下民听到，至于他的交流方法，如果不是通过灾异现象或卜筮①，我们是始终不可蠡测到的。他甚至从来不会出现在梦境或宗教异象（vision）中。

不过，早期的中国人在帝和天之间进行了区分，虽然不是定义清晰、泾渭分明的区分。帝似乎比天更具人格性。所以我们在英文中，一般把帝对译为 Lord 或 God，天则译为 Heaven。到了孔子时代，或者早在《易传》第一部分撰成的时代，帝似乎已经淡出中国宗教体系，而天开始占据越来越重要的地位。换句话说，上帝开始被视为纯然是一种天地间的道德法令或道德理性。最

---

① 荀子是一位重实用的思想家，想象力阙如。关于被早期中国人视为上天震怒之表达的灾异现象，请注意《荀子·天论》中的如下说法："星队木鸣，国人皆恐。曰：是何也？曰：无何也！是天地之变，阴阳之化，物之罕至者也。怪之，可也；而畏之，非也。夫日月之有蚀，风雨之不时，怪星之党见，是无世而不常有之。上明而政平，则是虽并世起，无伤也；上闇而政险，则是虽无一至者，无益也。夫星之队，木之鸣，是天地之变，阴阳之化，物之罕至者也；怪之，可也；而畏之，非也。"这一态度与孔子在《论语》中近乎宗教性地对待雷电飓风等自然现象适成对比。

有效、实用而又有宗教性的侍奉上天的方法，是对于诸如五典（"天叙有典，敕我五典五惇哉"）等道德法令，力行不倦，而至于祝祷、唱颂圣歌或者供奉牺牲，则无必要，因为上帝与人并无直接的人格化关系，前者至多只是一种想象性的不可见的存在。天道即是人道。就这样，早期具有宗教概念的上帝逐渐变形成纯粹的哲学法令——天，最后消融在伦理观念"道"中。

中国人的上帝崇拜还有另外一个突出特点，不应该被我们忽略，那就是在民间并没有可供民众祷告和乞求恩典的上帝庙。上帝崇拜属于国家事务，由在位君主所垄断，只有得授天命的天子才有资格来举行祭天仪式——是为"绝地天通"。除了天子，没有人能向上帝供奉牺牲，感谢上帝为王室和黎民所做的一切。祭天是天子要履行的最重要职责之一，如果有所闪失，引起上帝的不悦，国家恐怕会遭天灾。实际上，百姓私祭上帝被视为一种亵渎行为。上帝太过神圣，黎民百姓身份太过低微，是不该试图与上帝相接的。

普通人甚至诸侯私自祭祀上帝，都是莫大的僭越，因为祭天是天子不可侵犯的权利或职责。天子是上帝和下民之间唯一的中介人。"天明畏，自我民明威"，上帝通过下民大众的声音来表达自己的震怒，但只有天子才被允许自省罪己，并采取措施平息上帝的怒火。当天子悔过自新，他可以说是真正受命于上帝。在此之后，他也决不可疏忽每年的祭天大典，或者在每个国家节日为上帝奉上牺牲，否则便是犯下足以被褫夺天命的滔天大罪，正如我们在《尚书》和《诗经》中读到的那样。

为什么出现这一特殊现象？原因就在于中国人不是从私人关系上来构想天人关系。至高无上的上帝让天子承担起牧民导善的重任，导致下民与上帝不必有私人联系。对于下民来说，遵守国家法规与永恒而不可易的道德律令便足矣。当然，下民有他们自己的祖先要去纪念、去敬畏，去四时祭祀，而这就是下民所要做的宗教事务的全部，而其他事务就都是关乎道德的、实用的、凡俗的。

从中国文明史的最早阶段开始，上帝便似乎只与国家而非与个体联系在一起。所谓国家，在当时就是天子一人而已。《尚书》《周礼》还有《礼记》中都提到了各种场合的祭祀上帝活动。在《周易》中，豫卦的象辞有"雷出地奋，豫。先王以作乐崇德，殷荐之上帝，以配祖考"，涣卦的象辞则是"风行水上，涣。先王以享于帝立庙"。

所有这些都很清楚地显示出，从上古时代开始，上帝祭祀就是关乎黎民百姓的最重要国家事务之一。此中颇可玩味的一点是，祭上帝过程中需要"作乐"，但并不会唱诵关乎上帝美德、力量甚至恩典的颂歌——就像基督教中那样。

当我们考虑到中国人的上帝并非天地之创生者时，这一特殊的天人关系就更不同凡响了。早期中国人的世界观是在多神论与一神论之间摇摆。有时候似乎只有一个上帝，而当它跌落为多神论之时，除了作为最高神的上帝之外，还有水神、火神、木神、土地神、山神与河神，后者都是上帝的下属,而上帝毫无疑问在诸神体系中占据了至高无上的位置,虽然诸神彼此之间的确切关系并不是太清楚。无论如何,大地也参与了创世过程,我们身处的这一现象世界不是由上天(上帝)单独创造的,而是天地交摩的结果。

在中国人看来,天和地是紧密联系在一起的,所以实际上它们有时候合成一个词——天地。可以说,这种二元的宇宙观始终是贯穿中国思想史的最强音,甚至中国人的心灵在宋朝时期彻底成熟时,也是如此。

天地的创世并没有特别明显的目的,此过程中也无任何可见的强烈意志在起支配作用。中国的诗人与哲学家并不是完全没有意识到非人力所控的宇宙意志。《庄子·大宗师》如下这些段落代表了中国哲学对宇宙意志的典型态度:

> 俄而子来有病,喘喘然将死。其妻子环而泣之。子犁往问之,曰:"叱!避!无怛化!"倚其户与之语曰:伟哉造化!又将奚以汝为?

将奚以汝适？以汝为鼠肝乎？以汝为虫臂乎？子来曰："父母于子，东西南北，唯命之从。阴阳于人，不翅于父母。彼近吾死而我不听，我则悍矣，彼何罪焉？夫大块以载我以形，劳我以生，佚我以老，息我以死。故善吾生者，乃所以善吾死也。今大冶铸金，金踊跃曰：'我且必为镆铘！'大冶必以为不祥之金。今一犯人之形而曰：'人耳！人耳！'夫造化者必以为不祥之人。今一以天地为大炉，以造化为大冶，恶乎往而不可哉！"成然寐，蘧然觉。

诚然，万事万物运行有则，天地间并非一片混乱，但是这些法则并非来自某个始终在场的灵魂或精神——它强有力到会给想象力留下深刻烙印。中国人是如此实用主义，以至于始终没有越过无趣的合理性之藩篱。在他们看来，把上帝视为创始者，并没有逻辑必要性，而中国人对上帝的宗教需求和情感需求也没那么热烈。天子将祭天事业垄断为己有，百姓和哲学家们就将注意力转向上帝没那么无处不在的其他方向。就这样，上帝逐渐在万民心目中失去了他自古以来的至尊地位，他的存在不再积极而有效地影响道德事务与政治事务。以实用主义为上的中国人向来满足于非诗性、非宗教性的上天观念。

墨子的上帝推理

最后颇可玩味的是，在古代中国，至少有一位思想家以一种系统化的方式来思考上帝的存在。他就是兼爱和实用的伟大提倡者墨子。正是通过墨子，中国人开始有条理地论证了统治整个世界的上帝的存在，这一位上帝既支配着自然界的生生不息，也监管凡间世人的行动。墨子之前的道德家、哲学家、政论家对于神圣意志显现于人类活动中也许有所设想，但那只是朦朦胧胧的、浅尝辄止的设想，缺少严格推理的支持。而墨子构想了一位全知全能的人格化上帝，这是中国哲学史上的破天荒之举。《墨子》中有数篇专论上帝,试图证明至高生命的存在,并给出具体理由说明为何需要祭祀上帝。实际上,墨子的兼爱学说及其极端的功效论都建立在伟大、智慧、公正和无偏私的上帝的观念之上。

《墨子·天志中》是墨子对至高上帝存在的推理过程,以下为节选:

> 子墨子言曰:"今天下之君子之欲为仁义者,则不可不察义之所从出。"既曰不可以不察义之所从出,然则义何从出?子墨子曰:"义不从愚且贱者出,必自贵且知者出。"何以知义之不从愚且贱者出,而必自贵且知者出也?曰:"义者,善政也。"何以知义之为善政也?曰:"天下有义则治,无义则乱,是以知义之为善政也。夫愚且贱者,不得为政乎贵且知者,然后得为政乎愚且贱者。此吾所以知义之不从愚且贱者出,而必自贵且知者出也。"然则孰为贵?孰为知?曰:"天为贵,天为知

而已矣,然则义果自天出矣。"

今天下之人曰:"当若天子之贵诸侯,诸侯之贵大夫,偏明知之。然吾未知天之贵且知于天子也。"子墨子曰:"吾所以知天之贵且知于天子者有矣。曰:天子为善,天能赏之;天子为暴,天能罚之;天子有疾病祸祟,必斋戒沐浴,洁为酒醴粢盛,以祭祀天鬼,则天能除去之。然吾未知天之祈福于天子也,此吾所以知天之贵且知于天子者。不止此而已矣,又以先王之书,驯天明不解之道也知之。曰:'明哲维天,临君下土。'则此语天之贵且知于天子。不知亦有贵知夫天者乎?曰:天为贵、天为知而已矣。然则义果自天出矣。"是故子墨子曰:"今天下之君子,中实将欲遵道利民,本察仁义之本,天之意不可不慎也。"

既以天之意以为不可不慎已,然则天之将何欲何憎?子墨子曰:"天之意,不欲大国之攻小国也,大家之乱小家也,强之暴寡,诈之谋愚,贵之傲贱,此天之所不欲也。不止此而已,欲人之有力相营,有道相教,有财相分也。又欲上之强听治也,下之强从事也。"上强听治,则国家治矣;下强从事,则财用足矣。若国家治,财用足,则内有以洁为酒醴粢盛,以祭祀天鬼;外有以为环璧珠玉,以聘挠四邻。诸侯之冤不兴矣,边境兵甲不作矣。内有以食饥息劳,持养其万民,则君臣上下惠忠,父子兄弟慈孝。故唯毋明乎顺天之意,奉而光施之天下,则刑政治,万民和,国家富,财用足,百姓皆得暖衣饱食,便宁无忧。是故子墨子曰:"今天下之君子,中实将欲遵道利民,本察仁义之本,天之意不可不慎也。"

且夫天子之有天下也,辟之无以异乎国君、诸侯之有四境之内也。今国君、诸侯之有四境之内也,夫岂欲其臣国万民之相为不利哉!今若处大国则攻小国,处大家则乱小家,欲以此求赏誉,终不可得,诛罚必至矣。夫天之有天下也,将无已异此。今若处大国则攻小国,处大都则伐小都,欲以此求福禄于天,福禄终不得，而祸祟必至矣。然有所不为天之所欲，而为天之所不欲，则夫天亦且不为人之所欲，而为人之所不欲矣。人之所不欲者，何也？曰：病疾祸祟也。若已不为天之所欲，而为天之所不欲，是率天下之万民以从事乎祸祟之中也。故古者圣王，明知天鬼之所福，而辟天鬼之所憎，以求兴天下之利，而除天下之害。是以天之为寒热也节，四时调，阴阳雨露也时，五谷孰，六畜遂，疾灾、戾疫、凶饥则不至。是故子墨子曰："今天下之君子，中实将欲遵道利民，本察仁义之本，天意不可不慎也。"

且夫天下盖有不仁不祥者，曰：当若子之不事父，弟之不事兄，臣之不事君也，故天下之君子，与谓之不祥者。今夫天兼天下而爱之，撽遂万物以利之，若豪之末，非天之所为也，而民得而利之，则可谓否矣。然独无报夫天，而不知其为不仁不祥也。此吾所谓君子明细而不明大也。

且吾所以知天之爱民之厚者，有矣。曰：以磨为日月星辰，以昭道之；制为四时春秋冬夏，以纪纲之；雷降雪霜雨露，以长遂五谷麻丝，使民得而财利之；列为山川溪谷，播赋百事，以临司民之善否；为王公侯伯，使之赏贤而罚暴，贼金木鸟兽，从事乎五谷麻丝，以为民衣食之财，自古及今，未尝不有此也。今有人于此，欢若爱其子，竭力单务以利之，其子长，而无报子求父，故天下之君子，与谓之不仁不祥。今夫天，兼天下而爱之，撽遂万物以利之，若豪之末，非天之所为，而民得而利之，则可谓否矣。然独无报夫天，而不知其为不仁不祥也。此吾所谓君子明细而不明大也。

且吾所以知天爱民之厚者，不止此而足矣。曰杀不辜者，天予不祥。不辜者谁也？曰人也。予之不祥者谁也？曰天也。若天不爱民之厚，夫胡说人杀不辜而天予之不祥哉？此吾之所以知天之爱民之厚也。……

译后记

1870年10月18日，日本金泽市下本多町（加贺藩藩主的居城）世代为医的铃木家族添一男丁，取名为贞太郎。这个"贞"字出自于《易经》，而他的三个兄长分别叫元太郎、亨太郎、利太郎（"元亨利贞"为群经之首《易经》中常见的卦爻辞）。在家庭教养的熏陶下，贞太郎的汉学根底极为深厚，从小便对中国的传统思想和文化怀有无限的敬意。铃木家历代属于临济宗，祖母与母亲每天清晨都要燃灯焚香礼佛，再加上他中学时代的数学老师曾拜今北洪川禅师为师，这一切都导致了贞太郎对禅宗的向往。中学毕业后，贞太郎在家乡担任英语教师，后赴东京求学，有机会到镰仓市的临济宗大本寺——圆觉寺跟随今北洪川参禅。今北洪川圆寂后，又随宗演禅师继续参禅，得赐法名"大拙"。

二十二岁时，铃木大拙在好友西田几多郎的推荐下，进入东京帝国大学学习，在此期间，他为参加芝加哥万国宗教会议的宗演禅师翻译了演讲稿，首次将因果、涅槃等名词，用英语精准地介绍给了对此几乎闻所未闻的西方人。五年后，在著名佛学学者保罗·凯拉斯的邀请下，赴美与之共事佛学经典翻译，在伊利诺伊州一住就是十多年。三十九岁时，铃木大拙回到日本，先后在日本东京帝国大学、京都大谷大学从事关于禅宗思想的研究和教学工作，他迎来了自己的创作爆发期。一本本论著皆是这些工作的结晶，其中大部分是由英文写就。

20世纪前，禅作为"失语者"，从未获得自我表述，然而这种局面被这个叫做铃木大拙的人所扭转，英国著名历史哲学家汤因比曾说"铃木大拙向西方介绍禅，就好比核能量的被发现"，也因此禅以日文发音Zen而非中文发音Chan流行于全世界。铃木大拙不仅被称为"世界禅者"，他也是一位世界级的思想家，得到荣格、海德格尔的极大推崇，当时西方最重要的知识分子都在读他的论著。铃木大拙很高寿，活了九十六岁，因此在长达大半个世纪里，持续地对世界产生影响。"二战"以后，"垮掉的一代"和嬉皮士运动的代表人物金斯堡、凯鲁亚克等人都是狂热的禅宗爱好者，而他们手上拿着的正是铃木大拙的论著。21世纪之后，铃木大拙仍在发挥影响力：他的再传弟子乔布斯发明了苹果电脑和苹果手机，"苹果禅"的风光一时无两。

中国人很早就知道铃木大拙的名字。1916年和1934年，他先后两次来到中国进行实地考察，与中国学术界和佛教界的人士如鲁迅、胡适、蒋梦麟、汤用彤、太虚等都有过直接接触，并根据自己在中国了解的情况写成长文《支那佛教印象记》，此文后来被译成中文发表。铃木大拙这个名字真正开始在中国变得遐迩所闻则要到20世纪80年代，其著作先后被翻译出版，举例来说，1986年出版的《禅与心理分析》是铃木大拙与著名的心理学家弗洛姆的对谈记录；1988年被收入"文化：中国与世界"系列的《禅学入门》是其名著之一。不过迄今为止，但是那些被翻译出来的还只是三十二卷之巨的"铃木大拙全集"中的一小部分而已，中国人对于铃木大拙的了解也还远远不够充分。

本书便是铃木大拙众多未能让中国读者一睹真容的作品之一，原名为 A Brief History of Early Chinese Philosophy（《中国早期哲学简史》），写于他四十岁左右，是铃木大拙全心投入禅宗研究之前的作品。胡适1927年的哥伦比亚大学博士学位论文《先秦名学史》（The Development of Logical Method in Ancient China）对该书有过数次引用，可见胡适与铃木大拙的思想交锋要远远早于20世纪50年代二人就禅宗研究方法发生著名学案之时。

从这本薄薄的小书可以看出，铃木大拙具有极强的深入浅出之概括能力，他仅用了不到十万字，就从哲学、伦理学和宗教三个面向，把中国早期哲学的发展与特色梳理得清清楚楚，其中很多观点发前人所未发。铃木大拙的视角既具有浸淫中国思想日久的那种熟稔度，同时又跳脱出来，不至于一叶障目，站在比较哲学之高度，来分析它，反省它。最难能可贵的是，铃木大拙写作此书时，中国尚处于积贫积弱的危境之中，多少中国知识人都对自家文化丧失了信心，鼓吹全盘西化，他却乐观地说"中国那浩如烟海的知识宝藏造福全世界的时代必定会到来"，由此可见这是一位多么清醒的智者。

　　最后要补充说明的是，为帮助读者阅读此书，译者删去英文原著中的常识性注释，适当增补一些注释。若有误译之处，恳请方家不吝赐教。